VOYAGE
EN ASIE

PARIS. — IMPRIMERIE DE D. MARTINET RUE MIGNON, 9.

VOYAGE EN ASIE

PAR

THÉODORE DURET

LE JAPON
CHINE — LA MONGOLIE
JAVA
CEYLAN — L'INDE

PARIS
MICHEL LÉVY FRÈRES, ÉDITEURS
RUE AUBER, 3, PLACE DE L'OPÉRA

LIBRAIRIE NOUVELLE
BOULEVARD DES ITALIENS, 15, AU COIN DE LA RUE DE GRAMMONT

1874

Droits de reproduction et de traduction réservés

AVANT-PROPOS

J'ai cherché à écrire un Voyage qui eût une physionomie neuve. J'ai donc systématiquement évité de parler d'une foule de choses qu'ont décrites les voyageurs venus avant moi. J'ai de même passé, sans m'appesantir, sur ces points de la côte qui sont aujourd'hui d'un accès tellement facile que chaque jour nous en apporte des nouvelles. Ayant pénétré dans des parties intérieures du pays d'un accès pénible et par conséquent peu ou point visitées, c'est sur elle que j'ai étendu mon récit. Si l'on découvre des ruptures dans le fil de mon itinéraire, on voudra donc bien penser qu'elles sont intentionnelles.

Je préviens aussi le lecteur qui s'attendrait à trouver ici des aventures romanesques et des récits merveilleux, qu'il sera détrompé. Le merveilleux est, comme la poésie, une création que les conteurs et les poëtes tirent de leur propre fonds et dont ils colorent la trame des choses réelles. Je crois qu'aucun de ceux qui ont voyagé ne me contredira : le merveilleux et les choses extraordinaires que, sur la foi des voyageurs à imagination, on s'attend à trouver sur la route, à mesure qu'on touche les lieux, s'évanouit. Je n'ai donc point introduit l'imagination dans mes récits, je les ai écrits dans la donnée purement réaliste; ce que j'ai décrit, j'ose dire que, si on passe après moi, on le trouvera.

Je m'aperçois cependant qu'à continuer sur ce ton j'en arriverais à vanter moi-même mon livre, et, sans plus de préface, je laisse le lecteur débarquer en Asie.

VOYAGE EN ASIE

I

LE JAPON

I

YOKOHAMA

Arrivée au Japon. — Le Fousyama. — Les Européens au Japon. Départ pour Yedo.

Octobre 1871.

Le steamer *Great-Republic*, amenant en Asie les deux voyageurs qu'on va suivre dans ce livre, M. Henri Cernuschi et l'auteur, avait depuis vingt-quatre jours quitté San-Francisco lorsqu'il signale le Fousyama. La côte du Japon est encore invisible, mais déjà les neiges du volcan s'élèvent dans les nuages comme une féerique apparition. Nous entrons dans la baie de Yedo; le rivage se dessine, et nos yeux s'arrêtent sur de petites montagnes dentelées, couvertes de pins clair-semés, à formes bizarres et capricieuses. A première vue, c'est bien là le Japon, volcan, paysage et végétation, tel que nous l'avons constamment vu figuré dans les dessins de l'art et de l'industrie japonais.

Un coup de canon et l'ancre qu'on laisse tomber dans le port de Yokohama marquent l'instant où finit notre traversée : midi, 25 octobre 1871. Nous voici arrivés à l'extrémité de l'Asie; nous venons de faire la moitié du tour du monde; nous commençons la visite des pays d'Orient par le Japon, celui de tous qui est resté le plus longtemps fermé aux Européens. Dans ces circonstances, le lecteur se figurera peut-être son auteur à une immense distance de l'Europe, dans un lointain d'un pénible accès. Il n'en est rien, et tout autres sont surtout mes impressions. Me voici, en effet, au bout de l'Asie, mais pour cela je ne me sens pas loin de l'Europe. De Liverpool, de rapides steamers mènent en dix jours à New-York. De New-York à San-Francisco, le chemin de fer du Pacifique fait traverser le continent en sept jours, et les Américains ont construit, tout exprès pour ces longs parcours, d'immenses wagons-salons-chambres à coucher, où l'on s'installe comme dans un hôtel ambulant. A San-Francisco, des bateaux de 4 à 5000 tonneaux vous attendent, qui vous transportent au delà du Pacifique en vingt-quatre jours.

Nous venons de suivre cette voie, et réellement, en arrivant au Japon, on n'a aucune impression de l'immensité des distances et de l'éloignement. On en a d'autant moins que l'on regarde en outre de l'autre côté. De Yokohama à Marseille et à Brindisi par Suez, il y a quatre paquebots-poste par mois, partant à heure et jour fixes, faisant la traversée en quarante-six jours. Ces paquebots correspondent sur la route, à Hong-Kong, Singapore, Ceylan, avec d'autres allant sur tous les points du globe. C'est un vaste service de bacs et d'omnibus à vapeur qui embrasse toutes les mers.

Il y a plus. S'il est bien vrai que nous soyons au Japon, il n'en est pas moins vrai qu'ici même nous retrouvons encore l'Europe. Une colonie européenne s'est établie à Yokohama, et l'Européen s'est arrangé son existence pour la mener comme chez lui. Il a ses journaux — Yokohama n'en a pas moins de quatre, — ses *clubs*, ses courses de chevaux. Les femmes suivent les modes de Paris, les hommes celles de Londres. Maisons, magasins, mobiliers, voitures, sont comme en Europe, s'ils n'en ont été importés. A la table où je déjeune, on ne boit que du vin français ou de la bière anglaise, et si j'accepte la moindre des invitations à dîner dont l'hospitalité locale est prodigue, il me faut passer l'habit noir et mettre la cravate blanche. Ainsi non-seulement l'Europe s'est rapprochée du Japon, elle s'y est implantée.

En débarquant au Japon, on a donc au suprême degré le sentiment de la révolution que la vapeur réalise dans le monde. Il y a maintenant autour de la terre une ceinture de routes à vapeur que l'on parcourt à grande vitesse sans temps d'arrêt. On n'ose presque plus parler du tour du monde fait dans ces conditions que comme d'une promenade ; voyager, dans l'ancien sens du mot, devient, par la force des choses, de plus en plus rare. Il est vrai que nous nous proposons de sortir assez des routes battues pour retrouver quelque part la vieille Asie et pour mériter à ces pages le titre de voyage que nous leur donnons. Mais, puisque nous voulons parler de l'Asie, il est temps de quitter Yokohama, qui est beaucoup trop européen, et de partir pour Yedo, où nous devons nous trouver en plein Japon.

II

YEDO

Le Tokaïdo. — Maisons et intérieurs japonais. — Politesse et
bonne humeur du peuple. — Arrivée à Yedo.

Novembre 1871.

On se rend de Yokohama à Yedo, en attendant le chemin de fer, soit par mer, soit par la grande route. C'est cette dernière voie que nous choisissons. Nous sommes sur le Tokaïdo, la grande chaussée du Japon, reliant Kioto, la ville du mikado, et Osaca, à Yedo, la ville du taïcoun. La foule et le mouvement sont grands autour de nous; aussi nous trouvons-nous on ne peut mieux placés pour donner un premier crayon du monde japonais.

Si l'on veut se faire une juste idée de ce que l'on appelle ici maison, il faut chasser l'image que ce mot éveille appliqué en Europe, pour se figurer un genre de construction qui n'a ni murailles, ni portes, ni fenêtres, et qui à l'intérieur est dépourvu de chaises, de table, de lit et de foyer. La maison japonaise est un abri fragile et exigu, construit en bois et en treillis de bambous. Pendant qu'on la construit, la maison japonaise, avec son châssis de pièces de bois et ses treillis de bambous, a l'air d'une cage; lorsque le plancher extérieur qui recouvre le tout est fixé et que la maison est terminée, elle ressemble à une boîte. Cette cabane est orientée de telle façon que l'égout du toit donne sur la rue et que le pignon adossé à la maison voisine fait avec elle plancher mitoyen.

Il n'existe, nous l'avons dit, ni portes ni fenêtres, mais une grande ouverture qui prend tout le devant de la maison. Si l'on entre, en faisant glisser le grillage à coulisse qui sert de fermeture, on trouve d'abord un petit espace libre au niveau de la rue : là tout Japonais venant du dehors dépose ses sandales de paille ou à semelle de bois. Puis on s'élève d'un ou deux pieds au-dessus du sol de la rue, et l'on est dans la maison. Du reste, point de chaises, point de table, point de meubles, si ce n'est peut-être un coffre à tiroirs; point de cheminée. Le fourniment intérieur — on ne peut vraiment dire l'ameublement — ne se compose que de deux objets, mais aussi de deux objets dont l'usage est universel, qui se trouvent chez le pauvre comme chez le riche, et sans lesquels la vie domestique ne saurait être : des nattes de paille et le *shibatchi*. Le plancher de tout appartement japonais est en effet invariablement recouvert de fines nattes de paille de riz. Il n'y a point de chaises; aussi, le jour, est-ce sur ces nattes qu'on est accroupi; il n'y a point de lit; aussi, la nuit, est-ce sur ces mêmes nattes qu'on jette les couvertures pour dormir.

Au milieu de l'appartement, sur la natte, est placé le *shibatchi*, qui, pour le Japonais, tient lieu de foyer. Le *shibatchi* est généralement composé d'une première caisse de bois, dans laquelle est placée une seconde caisse en métal remplie de cendre et de charbons allumés. Sur ce petit feu, une bouilloire chauffe éternellement, destinée à fournir à chaque maison l'eau pour le thé, qui se prend à tous les instants du jour. Dans la maison japonaise le *shibatchi* est le centre de tout : c'est accroupies auprès de lui que les femmes passent leur temps, c'est rangée autour de lui que la famille prend ses repas, c'est à sa faible chaleur que l'hiver on se réchauffe tant bien que mal, c'est lui enfin qui non-seulement donne l'eau chaude pour le thé, mais encore la braise pour allumer la petite pipe qu'hommes et femmes fument constamment.

Nous entrons dans une maison, et tout de suite une femme verse l'eau chaude dans une théière, et nous offre, en signe de bienvenue, quelques gorgées d'un thé légèrement infusé. Ce qui frappe le plus chez le Japonais, c'est la petite dimension de toutes choses : la maison est petite, ou, si elle est relativement grande, c'est qu'alors elle sera composée de nombreux appartements, et ceux-ci sont petits, avec de petites cours plantées d'arbres nains ; le thé est fait dans une toute petite théière et bu dans des tasses qui ont l'air de coquilles de noix. Tout ce qui entoure le Japonais est de modeste dimension, léger, fragile ou délicat.

Cela revient à dire que le Japonais a fait plus ou moins les choses à son image, car il est lui-même petit et en moyenne d'une taille fort inférieure à celle des Européens ; le timbre de sa voix aussi est moins fort, il a moins de besoins et se nourrit moins, surtout il tient moins de place ; dix Japonais accroupis ou formés en groupe ne couvrent pas la moitié de la superficie qu'occuperaient dix Européens. Le Japonais s'habille également moins que l'Européen. Il va tête nue, chausse ses sandales pieds nus, et reste même assez souvent jambes nues. Ses vêtements sont exclusivement en coton ou en soie, la laine lui est demeurée inconnue, ses îles ne nourrissant pas de moutons.

Nous ne rencontrons d'ailleurs aucun signe d'hostilité envers les étrangers ; bien au contraire, dans les boutiques, dans les auberges, même dans les simples maisons où nous entrons et où nous regardons tout d'un œil curieux, nous sommes accueillis de la manière la plus polie et avec une parfaite bonne humeur. Ce trait d'une bonne humeur constante paraît le trait dominant du caractère japonais. On ne voit partout que des visages souriants. Pour peu que sur la route nous accostions un Japonais, villageois ou citadin, jeune ou vieux, il se met à rire. Les Japonais rient avec nous, nous les voyons rire entre eux, il semble qu'ils rient toujours.

Cependant la foule de plus en plus pressée, les boutiques de plus en plus belles, nous apprennent que nous sommes dans les faubourgs de Yedo, et bientôt nous entrons dans la ville même.

III

YEDO

Aspect de Yedo. — Les *jinrikshas*. — Le château des taïcouns, le jardin d'Hamagoten, les tombeaux et le temple de Shiba. — Les *yashkis*. — Le temple d'Asacksa. — Les environs de Yedo.

Novembre 1871.

Yedo est une très-grande ville, assise sur le bord de la mer, traversée par plusieurs rivières et de nombreux canaux. La majeure partie de la ville se compose d'une agglomération de ces mêmes maisons de bois que nous avons en venant trouvées sur la route; mais, du milieu des habitations servant de demeure au populaire, on voit surgir les riches magasins aux enseignes à lettres dorées; les *yashkis*, anciennes demeures des daïmios; la triple enceinte du château des taïcouns; les nombreux temples bouddhistes et shintouistes; les tombeaux et temples de Shiba. Aussi Yedo a-t-il vraiment l'air d'une capitale.

Dans l'après-midi, les rues qui servent d'artères principales sont parcourues par une foule affairée. Tenant lieu de fiacres et d'omnibus, les *jinrikshas* en longues files se croisent et se poursuivent. Le *jinriksha* est une chose absolument *sui generis*. C'est une voiture en miniature, montée sur deux roues, qui a cela de particulier que le cocher fait en même temps office de monture et traîne le véhicule. C'est du reste une invention nouvelle au Japon. N'ayant dans le pays que peu de chevaux et point de voitures, les gens qui ne pouvaient ou ne voulaient point aller à pied se faisaient autrefois porter à dos d'homme, dans une sorte de palanquin, le *cango*. Les porteurs japonais, à la vue des voitures suspendues des Européens, ont trouvé plus commode de déposer sur les deux roues du *jinriksha* la personne qu'auparavant ils portaient sur leurs épaules, et de s'y atteler.

Après les principales rues, c'est au Shin-me-mai et au Nipon-bachi que le mouvement de la vie urbaine se présente sous l'aspect le plus pittoresque. Le Shin-me-mai est une allée étroite, ressemblant à un de nos passages, sauf l'absence de toit. On n'y circule qu'à pied. Des deux côtés sont des boutiques d'industrie de luxe, boutiques de sabres à poignée ciselée, de pipes, d'étuis à tabac, de porcelaine. Là se vendent les objets délicats et artistiques, qui pour le Japonais sont d'un usage usuel. Au Nipon-bachi, nous entrons dans le quartier des grands approvisionnements, quelque chose comme le quartier des Halles; *bachi* veut dire pont, aussi est-ce d'un pont qu'il s'agit. Les bateaux pêcheurs venant de la mer remontent la rivière jusqu'au pont; ils s'amarrent, pressés en doubles files, en face d'une longue rangée de cabanes de bois. C'est là le marché d'où le poisson déborde sur la ville, et ce qui passe par là de poisson est fabuleux.

Yedo était le séjour préféré des taïcouns; ils y vivaient, ils y étaient ensevelis. C'est à eux que la ville a dû de grandir et de devenir ce que nous la voyons. Aussi à Yedo les constructions élevées par les taïcouns, palais, temples et tombeaux, tiennent-elles le premier rang parmi les monuments.

L'ancien château fort des taïcouns, le Shiro, occupe, avec sa triple enceinte de murailles, tout le milieu de Yedo. Le tour extérieur de la seconde enceinte passe pour la plus belle promenade que l'on puisse faire dans la ville. La muraille que l'on côtoie a son pied dans l'eau du fossé et s'élève couronnée d'arbres plantés sur le terre-plein.

Les arbres du Shiro forment un grand massif qui, dans Yedo, apparaît de toutes les rues comme un fragment de campagne ; mais les taïcouns ne s'étaient pas contentés des bosquets de leur place forte, ils avaient ailleurs, par la ville, maisons de plaisance et résidences d'été. Hamagoten, l'un de ces jardins, est une île entourée de deux côtés par des canaux, et du troisième donnant en plein sur la mer. Les quatre cinquièmes des arbres qui croissent au Japon sont des arbres verts, et à Hamagoten les arbres verts indigènes composent d'admirables massifs. Hamagoten peut être pris comme le type du grand jardin ou parc japonais, et, contrairement à l'idée qu'on s'est longtemps formée de la manière des Japonais de traiter leurs jardins, il n'y a là aucune trace d'arbres torturés ou d'arrangement artificiel de la perspective et du paysage ; au contraire, le style libre et pittoresque du jardin anglais. Les massifs formant rideau, les gros arbres plantés isolément, les rangées du capricieux cèdre japonais combinés avec art, font certainement d'Hamagoten un des sites les plus charmants que l'on puisse rêver.

Du Shiro et d'Hamagoten à Shiba, la distance est courte, comme l'est celle qui sépare la vie de la mort. A Shiba, les taïcouns sont enterrés dans un grand bois funéraire de pins et de cyprès. Il règne dans le bois un silence solennel qui n'est interrompu que par le croassement des corbeaux ou le cri des faucons. Chaque tombeau comprend un ensemble de constructions dont la pièce principale est une chapelle bouddhiste décorée avec la plus grande richesse. Les tombeaux et le bois qui les renferme sont précédés d'un grand temple bouddhiste, précédé lui-même d'une sorte d'immense porte, appendice obligé de presque tous les temples bouddhistes. Ce temple avec sa porte peut être pris comme le meilleur type des constructions religieuses de Yedo. Quand on s'arrête pour la première fois en face de lui, on est fort dépaysé. On se trouve en présence d'une architecture absolument nouvelle, ignorant également le grec et le gothique. On se sent enfin en Asie. L'édifice est en bois, en bois laqué en rouge, et ce n'est plus ici le corps même du bâtiment qui est la partie principale et la pièce d'architecture, c'est le toit. C'est donc dans la coupe de la charpente que réside la valeur de l'ensemble.

Les princes féodaux ou daïmios du japon, obligés de vivre une moitié de l'année auprès du taïcoun, avaient chacun, à Yedo, leurs *yashkis*. Ces *yashkis*, au nombre de plusieurs centaines, couvrent une partie de la ville. Suivant l'importance du daïmio, la *yashki* était plus ou moins grande, mais au fond, l'agencement des lieux était toujours le même. Au centre, la demeure du daïmio, une grande maison entourée de cours et de jardins, le tout séparé de la rue par des constructions en bois formant rectangle ou carré et servant à loger les *samouraï* et les serviteurs du daïmio. Ces constructions basses, uniformément peintes en noir, ouvrant sur la cour intérieure et tournant le dos à la rue, sont certainement un des traits de Yedo, mais en même temps un des traits les plus tristes, car dans les quartiers où dominent les *yashkis* on est en pleine solitude. Les *yashkis* sont aujourd'hui presque toutes abandonnées; elles tombent en délabrement, ou sont détruites pour faire place à de nouvelles constructions. Yedo ne pourra que gagner à leur disparition.

Après avoir donné aux monuments des princes de Yedo l'attention qu'ils méritent, nous nous remettons à la poursuite des aspects saisissants de la vie populaire, et nous visitons Asacksa, qui est par excellence le quartier des divertissements. Au centre de ce quartier, en constituant le principal édifice, est un temple bouddhiste des plus fréquentés. On y vient toute la journée faire des prières, et en s'en allant on jette une offrande de piécettes dans un grand coffre recouvert d'un grillage en bois.

Le temple d'Asacksa est très-inférieur au grand temple de Shiba; son architecture est moins belle, son aspect moins imposant, mais la différence entre les deux vient surtout de la dissemblance de leur entourage. Shiba sert d'entrée à des tombeaux, comme l'ancien temple grec, il se profile sur un bois au feuillage sombre; Asacksa est au beau milieu de la foire; ses parvis sont remplis non-seulement de gens qui tiennent boutique et qui trafiquent, mais encore de pitres et de bateleurs.

La foule va au temple faire ses dévotions et en sortant entre chez Tabarin. Sauf l'article des dévotions, c'est ce que nous faisons nous-mêmes : après avoir parcouru le temple, nous allons au salon de cire. Du salon de cire, nous passons devant deux ou trois bateleurs, devant des tirs à l'arc et des maisons de thé; puis nous visitons, dans le voisinage, le jardin d'un pépiniériste, rempli d'arbres nains bizarrement taillés.

Poussant plus loin nos promenades, nous sortons de la ville à différentes reprises. Nous parcourons cet espace d'un caractère incertain qui entoure toutes les grandes villes, moitié campagne, moitié ville encore. Les plantations de thé, les champs de riz, où le paysan achève la moisson, y sont entremêlés aux jardins du citadin, bordés de haies de bambous et de camellias en fleur. Les grands arbres verts donnent au paysage une fraîcheur qu'il n'a pas en Europe après la chute des feuilles. Le Fousyama, le plus beau des volcans, domine le pays, et ses neiges servent partout de fond au tableau. Aussi l'originalité et l'attrait de la ville se retrouvent-ils dans la campagne qui l'entoure.

IV

YEDO

L'art japonais. — La sculpture et la peinture. — Nous faisons une collection de bronzes. — Le grand Bouddha de Megouro. — Il y a plusieurs Bouddhas. — Yebis et Daïkokou. — Kano, le dernier des artistes nationaux.

Décembre 1871.

Yedo, en sa qualité de capitale, est le lieu du Japon où l'on peut le mieux se familiariser avec tout ce qui concerne, dans la vie du peuple, le côté du goût et de l'art. On est tout de suite frappé, en parcourant Yedo et en visitant les boutiques, de la délicatesse de certains arts et du raffinement de certaines industries. Le peuple japonais est essentiellement un peuple de goût; rien de ce qu'il façonne n'est laid; les objets de la vie usuelle du pauvre comme du riche, par la coupe, la forme ou la couleur, sont ici choses de goût.

A Yedo, l'homme qui aime les arts se trouve en pays ami. Ce ne sont par la ville que marchands de curiosités, depuis le riche marchand qui a de vieux bronzes et des chinoiseries fort recherchés, jusqu'au petit brocanteur, qui fait commerce de moindres objets à bon marché; puis viennent les libraires vendant les livres illustrés et les albums de dessin, puis enfin les marchands d'estampes coloriées. Le goût des Japonais pour les choses du dessin se montre ici dans toute sa plénitude. Il y a partout, à Yedo, des boutiques consacrées au commerce de l'imagerie; on en trouve jusque dans les faubourgs, à la lisière des champs. Il y a toujours devant leur étalage des groupes d'enfants, les yeux grands ouverts. Chaque petit Japonais a chez lui des cahiers d'images : les riches couleurs et les grands gestes des personnages attirent son attention sur l'écriture explicative du coin de la page : c'est ainsi qu'il apprend à se familiariser avec les caractères difficiles de son écriture.

Les Japonais, en fait d'art, ont comme en toutes choses commencé par imiter les Chinois; mais l'imitation chinoise n'a été pour eux que passagère, et ils ont eu bien vite développé leur propre originalité. Les Japonais ont cultivé les deux branches des beaux-arts correspondant à la sculpture et à la peinture; — je dis correspondant, car dire la sculpture et la peinture sans explications pourrait donner une première impression inexacte de ce qu'est l'art japonais. — La sculpture au Japon s'est en effet principalement manifestée sous la forme du bronze. Sauf pour les pièces en bois, il n'y a ici que fort peu de travail au ciseau. L'artiste s'est surtout servi de métal et s'est fait fondeur en bronze. Pour la peinture, rien n'existe qui corresponde à notre peinture à l'huile ou à fresque; le Japonais se renferme généralement dans le cadre des dessins, et, lorsqu'il arrive aux couleurs, la miniature, l'aquarelle et le lavis marquent l'étendue de ses moyens.

Or il faut vous dire qu'aussitôt débarqués à Yokohama, nous avons commencé à acheter des bibelots. C'est la première chose que font tous les Européens qui mettent le pied au Japon. Nous avons débuté comme tout le monde, sans dessein arrêté, sans parti pris, allant un peu au hasard, cependant nous nous sommes vite sentis attirés vers les bronzes. Nous avons deviné qu'il y avait là une veine à exploiter. A Yedo nous systématisons nos achats. Nous avons amené avec nous de Yokohama un Japonais servant depuis longtemps d'intermédiaire aux marchands européens. Il nous conduit chez un certain Yaki, une sorte de commissaire-priseur japonais. Sur le bruit de nos acquisitions, la maison de Yaki est devenue le rendez-vous de tous les marchands, courtiers et commissionnaires de Yedo.

Nous arrivons au bon moment pour faire une récolte sans pareille. La révolution politique amène les daïmios à se défaire des objets d'art dont ils sont détenteurs, et la chute des taïcouns, qui étaient les soutiens les plus fervents de la religion bouddhiste, a causé la dispersion d'un grand nombre d'objets immobilisés par la piété dans les temples. Tous les jours chez Yaki on nous apporte des bronzes par centaines. Nous faisons un triage, un lot, un prix en bloc, et notre collection grossit à vue d'œil.

Voyant notre appétit insatiable et surtout s'apercevant que plus les pièces sont grosses plus elles nous plaisent, les gens qui sont en quête pour nous, nous conduisent à Megouro, dans la banlieue de Yedo ; au milieu de jardins maraîchers ils nous montrent un énorme Bouddha. Autrefois il y avait là un temple, mais un incendie l'a détruit, et depuis des années le Bouddha délaissé reste perdu au milieu des arbres et des chaumières. Pour des collectionneurs, c'était là une trouvaille sans pareille, et l'emporter était un exploit.

On va querir le propriétaire du lieu; il consent à vendre le Bouddha, marché est fait; un marteau et des pinces sont apportés séance tenante, et la main droite que le Bouddha étend en avant, d'un geste accentué, est détachée du bras auquel elle est rivée et emportée par nous. C'est déjà quelque chose que d'avoir la main. Il est tard, nous rentrons à Yedo. Le lendemain, tout un bataillon de manœuvres et d'ouvriers est envoyé chercher le Bouddha. Nous avions jugé prudent de ne point nous joindre à eux, pensant que la meilleure chance de mener à bien l'opération était de laisser ignorer au profit de qui elle se faisait. Bien nous prit de l'idée. Nos ouvriers démontent avec célérité les parties de la statue, et le soir même le tout, apporté sur charrettes, est déposé dans la cour de Yaki en attendant l'emballage, que nous allons hâter. La nouvelle du transport du Bouddha ne s'est pas plus tôt répandue que tout le pays à l'entour est en émoi. Le lendemain nous voyons venir vers nous en suppliants une bande de gens petits et grands qui s'accroupissent à terre dans la rue, en face de notre hôtel. Ils nous font dire qu'ils nous rapportent notre argent et qu'ils viennent reprendre leur Bouddha. Vous pouvez penser de quelle manière nous les recevons ! Ce qui est fait est fait, et après être revenus ainsi à la charge plusieurs jours de suite, en nous contant toutes sortes de fables pour nous attendrir, apprenant que le Bouddha rapidement emballé est déjà en route pour Yokohama et l'Europe, ils prennent le parti de ne plus reparaître.

Le Bouddha de Mégouro, y compris son auréole, a 4 mètres 28 centimètres de haut. Il est assis les jambes croisées, sur une fleur de lotus ; il avance la main droite d'un geste moitié de démonstration, moitié de bénédiction. Sur ses traits se lisent le calme absolu, l'absence de passion et de désir, et la marque de cette sorte d'extase particulière au Bouddha, qui, détaché de tout et dépris de la vie, parvient à anéantir jusqu'au sentiment même de sa personnalité ; c'est-à-dire que tout ce que le métaphysicien et le théologien bouddhistes ont conçu ou rêvé, l'artiste l'a ici réalisé en bronze.

L'acquisition du Bouddha de Mégouro complète magnifiquement notre collection de Bouddhas, car nous en avons déjà plusieurs. Tous ces Bouddhas ont en commun certains traits : les oreilles à lobes pendants, un signe sur le front, une grande auréole autour de la tête. Bouddha veut dire « sage », « celui qui sait »; c'est un terme générique. Il y a donc eu plusieurs Bouddhas. En effet, indépendamment des signes génériques qui sont communs à toutes les statues de Bouddha, chacune d'elles possède des caractères propres qui permettent, à première vue, de reconnaître le personnage spécial que l'on a particulièrement voulu représenter. Le Bouddha de Mégouro est Çakya Mouni ou Gotama, c'est-à-dire le premier et le plus illustre de tous, le fondateur même de la religion bouddhique. Çakya Mouni se reconnaît à sa tête en forme pointue, à sa chevelure composée de petites boucles ou mèches arrondies; il n'a jamais rien à la main. Il y a ainsi trente-deux signes donnés par le rituel bouddhique qui le désignent à première vue. Plusieurs, il est vrai, ne peuvent être figurés par le bronze, tels que la couleur de la chevelure qui est bleue, mais on les trouve sur les peintures et les sculptures en bois.

Après Çakya Mouni vient Padmapani, dont nous avons aussi plusieurs statues. Padmapani se reconnaît à la fleur de lotus qu'il tient à la main, à ses cheveux qui, au lieu d'être bouclés comme ceux de Çakya Mouni, sont lisses, disposés en bandeaux, et enfin à la coiffure triangulaire qu'il a sur la tête et sur le devant de laquelle se trouve inscrite une petite image de Çakya Mouni. A la suite de ces deux illustrations se range un personnage moins important, Yeso Sama. Yeso Sama a la tête entièrement rasée, il tient à la main un de ces bâtons dont se servent les moines bouddhistes lorsqu'ils vont de porte en porte recueillir les offrandes. Ce bâton est surmonté d'un rond en métal dans lequel sont passés des anneaux. Lorsqu'on frappe le bâton sur le sol, les anneaux rendent un son strident qui sert d'avertissement aux personnes pieuses pour préparer leurs aumônes.

Indépendamment des Bouddhas, nous réunissons tout un ensemble de personnages se rattachant à la religion ou à la légende bouddhique. Les plus importants sont généralement montés sur des animaux ; les Japonais les désignent sous le nom générique de *sennings;* mais ici encore, par-dessous la classe générique qui forme le groupe, on distingue des personnages divers, ayant des signes spéciaux qui les font facilement reconnaître, et chaque personnage a son animal particulier, le même personnage étant toujours monté sur le même animal, bœuf, cheval, cerf, tigre. Pour la représentation de la forme humaine, les Japonais se sont donc avant tout tenus sur le terrain bouddhique; ils ont en effet reçu leur art de la Chine avec le bouddhisme, et même dans des temps relativement modernes, car il n'y a rien de très-ancien au Japon en fait d'art.

On finit cependant, au milieu du peuple des personnages bouddhiques ou autres dont les Japonais ont pris les types aux Chinois, par distinguer deux figures nationales, Yébis et Daïkokou. Yébis et Daïkokou tiennent comme l'entre-deux entre nos types populaires, tels que Guignol et Polichinelle, et les patrons de certaines professions, tels que saint Crépin, saint Hubert. On les retrouve partout au Japon. Le plus grand magasin d'étoffe de Yedo, sur le Tokaïdo, a pour enseigne à *Yébis*. Yébis est le patron des pêcheurs; c'est lui-même un homme du peuple, un pêcheur; on le représente avec un énorme poisson à la main, la figure épanouie de contentement et coiffé d'une sorte de bonnet en pointe, triangulaire. Daïkokou est la personnification de la richesse. Il est le patron des banquiers, des gens de gros négoce.

Il n'y a point de banquier ou de changeur au Japon dans la boutique duquel vous ne trouviez quelque image de Daïkokou, soit peinte sur un rouleau, soit coulée en bronze ou modelée en terre. Daïkokou se représente debout sur deux sacs de riz, la richesse agricole, ayant à la main un marteau de mineur, et sur l'épaule un sac rempli de minerai, la richesse monétaire. Il est coiffé d'une sorte de calotte ronde.

Les Japonais, après la forme humaine, se sont encore adonnés à la représentation de la forme animale. C'est même dans cette donnée qu'ils ont tout particulièrement excellé; le peuple d'animaux en bronze que nous récoltons, qui comprend toutes les bêtes connues au Japon, forme un monde singulièrement vivant et plein d'expression. Enfin, nous complétons notre collection par les vases religieux, les petits vases et bouteilles de tout genre, les *shibatchis*, et ce qu'il y a dans cette sphère d'originalité et de variété dans les formes, de goût et d'invention dans l'ornementation, est quelque chose qui, pour l'art du bronze, n'a été dépassé chez aucun peuple.

Si de la sculpture nous passons au dessin, nous trouvons que les deux grandes qualités des artistes japonais sont la légèreté de main et le rendu du mouvement. Il faut croire que ce don, universel chez eux, d'une touche légère tient à leur mode d'écriture, qui exige l'usage constant du pinceau, et qui oblige, pour écrire avec élégance, à le manier d'une main à la fois preste et sûre. Rien n'égale la facilité avec laquelle le Japonais, en quelques coups de pinceau, jette sur le papier des fleurs, des oiseaux, le feuillage aérien du bambou, ou bien y fixe, en un rapide croquis, les types et les scènes de la vie populaire. Tout cela est non-seulement rapide et d'un jet, mais encore plein de vie et de mouvement. Dans les dessins et les caricatures des artistes japonais, on trouve donc tout le Japon reproduit avec son cachet propre et son sens intime. Que si, par exemple, je feuillète les quatorze volumes qui forment la partie principale de l'œuvre d'O-Kousaï, un de leurs plus grands dessinateurs, à chaque instant, dans le port, la démarche, les gestes et les grimaces des personnages, je retrouve admirablement compris, saisi et rendu, dans ce qu'il y a de particulier, le peuple que je coudoie ici dans la rue.

Le vieux Kano tient en ce moment le premier rang parmi les peintres de Yedo. On lui doit les peintures qui ornent le dernier tombeau des taïcouns à Shiba, et les papiers peints à l'aquarelle d'Hamagoten. Il nous a montré des dessins fort originaux, des aquarelles pleines de grâce, des esquisses au lavis enlevées avec la plus grande dextérité. C'est lui qui fermera la série des artistes purement japonais n'ayant rien pris au dehors; car les dessins que l'on voit maintenant partout, remplis de figures au profil plus ou moins grec, nous apprennent que les artistes de la nouvelle école sont en voie de se transformer pour subir sans retour l'influence européenne.

V

YEDO

La politique du Japon. Le mikado et le taïcoun. — L'ancienne constitution. — La révolution qui renverse le taïcoun et lui substitue le mikado. — Transformation du pays sous l'influence européenne.

Décembre 1871.

Nous ne saurions manquer de nous occuper un peu de la politique japonaise ; nous allons ainsi entretenir notre lecteur français d'un sujet familier, nous allons lui parler de révolutions.

Il y a une quinzaine d'années, quand les Américains, et après eux les Européens, se présentèrent au Japon, ils se mirent en rapport avec le taïcoun, qu'ils trouvèrent, à Yedo, possesseur incontesté de toutes les attributions du gouvernement. Le mikado, relégué à Kioto, dans l'intérieur, sans aucune force apparente et sans pouvoir matériel, leur resta presque inconnu et fut par eux tout naturellement négligé. Le Japon ouvert, on continua à n'avoir à faire qu'au seul taïcoun. Cependant on s'aperçut assez vite que le pouvoir du taïcoun était beaucoup moins étendu qu'on ne l'avait cru tout d'abord. On reconnut qu'il était à la fois limité du côté du mikado et du côté des seigneurs féodaux, les daïmios. La position du taïcoun et du mikado en face l'un de l'autre était en effet quelque chose de particulier, sans analogie nulle part ailleurs. L'origine des taïcouns ou, comme on les appelait primitivement, des *shiogouns*, est dans la concentration, au moment de l'apparition des Mongols, de toutes les attributions du gouvernement dans les mains d'un chef de guerre renommé. Profitant de circonstances favorables, les possesseurs de cette délégation bientôt héréditaire avaient fini par s'emparer absolument du gouvernement. A la fin, il ne resta aucune autorité de fait au souverain primitif le mikado, les taïcouns, ses anciens généraux et serviteurs, s'étant aussi complétement substitués à lui qu'autrefois les maires du palais aux Mérovingiens.

Le temps avait consacré cette situation, et, dans ce que l'on pourrait appeler la constitution du Japon, la prépondérance des taïcouns était passée à l'état de chose régulière, non disputée. Cependant les taïcouns n'avaient pu détruire absolument le mikado, ils avaient été obligés de le laisser vivre et durer dans la retraite; aussi, quoique possédant la puissance matérielle, moralement ils n'en demeurèrent pas moins ses inférieurs. De date relativement récente, jamais en effet ils ne purent acquérir l'influence morale et le prestige que les mikados tenaient, eux, des temps antiques. C'est que le mikado est pour le Japon quelque chose ressemblant à la fois au roi légitime du moyen âge européen et au roi des temps primitifs de la Grèce, descendu des héros et des dieux. Les mikados sont les plus anciens souverains que le Japon ait connus, et la tradition les rattache directement aux héros de la primitive mythologie nationale. Au Japon, le mikado se trouvait donc posséder dans l'ombre une immense force morale; le taïcoun au grand jour, la puissance de fait. C'est ce que les Hollandais qui, pendant longtemps furent seuls à connaître le pays, avaient traduit d'une manière fort incorrecte en disant que le mikado était l'empereur spirituel, et le taïcoun l'empereur temporel.

Le pouvoir du taïcoun n'était pas seulement moralement contenu en face du mikado, dans la pratique, il était assez limité du côté des daïmios. Quand les Européens arrivèrent au Japon, le système politique du pays était absolument féodal. Les îles japonaises étaient divisées en petites souverainetés. Dans chacune, le chef ou daïmio exerçait une autorité en rapport avec l'étendue de sa terre et le nombre de ses soldats, les *samouraï*. Pour les plus puissants, cette autorité était presque absolue. Il en était si bien ainsi, que lorsque deux des grands daïmios du Japon, Satsouma et Nagato, contrairement aux traités intervenus entre le taïcoun et les Européens, prétendirent fermer leurs terres aux étrangers, le taïcoun, trop faible, dut laisser le soin de leur châtiment aux puissances européennes elles-mêmes.

Aujourd'hui le taïcounat est détruit. La révolution qui a renversé le dernier taïcoun s'est opérée en 1868. Dans leurs grands traits, voici les faits. Les principaux daïmios du sud, depuis longtemps ennemis des taïcouns, se mettent enfin en état de guerre ouverte. Ils lèvent la bannière du mikado et font la guerre en son nom. Devant la bannière du mikado, sorte d'emblème sacré pour les Japonais, troupes du taïcoun résistent mollement ou se [ren]dent. Les partisans du taïcoun n'opposent que [dan]s le nord une résistance sérieuse, à la fin ce[pen]dant absolument domptée, et maintenant le [mi]kado règne seul, installé à Yedo, dans l'ancien [châ]teau des taïcouns.

[C]ependant la révolution ne devait pas se borner [à su]bstituer à la tête du gouvernement le mikado [au] taïcoun, elle devait aller plus loin et s'attaquer [au] système féodal lui-même. Le taïcoun au pouvoir [éta]it le chef de seigneurs féodaux possesseurs, cha[cun] dans sa terre, d'une véritable souveraineté; le [mi]kado sera un roi ayant brisé le pouvoir des sei[gne]urs féodaux et exerçant lui-même ou par ses [age]nts une autorité directe sur toutes les parties du [pay]s. C'est-à-dire que la révolution qui s'opère en [ce] moment au Japon est d'un ordre analogue à celle [qui], au XVIᵉ siècle, a substitué presque partout, en [Eur]ope, la domination de la royauté à celle de la [féod]alité.

[L]a disparition de chefs féodaux a été aussi sou[dain]e qu'absolue. Nulle part ailleurs une pareille [révo]lution ne s'est accomplie en si peu de temps. [Il y] a quinze ans, les premiers Européens qui ont

nu le Japon se le rappellent partagé entre de véb-
bles princes indépendants, ayant leurs flottes,
rs villes fortes, leurs armées. Yedo était rempli
yashkis où chaque daïmio entretenait une gar-
on à lui. Les daïmios, portés en palanquin,
pparaissaient dans les rues qu'entourés d'une es-
te d'hommes à sabre et de serviteurs, et sur leur
ssage le peuple tombait à genoux. Aujourd'hui
ttes et armées ont disparu; à Yedo, les *yashkis*
it rasées ou tombent en ruines; les *samouraï* ont
quitter leurs sabres, et pour vivre se font bouti-
iers ou retournent à la charrue.
Le fruit était sans doute mûr depuis longtemps et
ne fallait qu'une circonstance pour amener sa
ute. Cette circonstance paraît avoir été la trans-
mation économique qui a suivi l'ouverture du
pon aux étrangers. Les daïmios, qui autrefois
ient des soldats armés de flèches, se sont rui-
s en achetant les nouveaux engins de guerre, ba-
ux à vapeur, fusils, canons rayés; en outre, le
ix de toutes choses s'étant énormément accru, ils
ont pu continuer à entretenir leurs bandes ar-
ées. Le système féodal est donc irrévocablement
truit au Japon, et en son lieu nous voyons surgir

une monarchie plus ou moins centralisée et administrative.

Ce n'est point tout. Une autre transformation, encore plus profonde, s'il est possible, s'opère en ce moment au Japon : le pays est en voie de changer absolument sa civilisation et de renouveler la face de toutes choses. Les Japonais n'ont presque rien eu en propre en fait de civilisation, tout leur est, dans l'origine, venu de la Chine : leur écriture, le germe de leurs arts et ce qu'ils ont de science, leur religion et ce qu'ils peuvent avoir de philosophie. La Chine, au point de vue intellectuel, a été pour eux encore plus que la Grèce pour Rome. Tant qu'ils n'ont connu que la Chine, les Japonais se sont trouvés très-satisfaits du modèle chinois qu'ils avaient adopté; mais, une fois en contact avec l'Europe, il a cessé d'en être ainsi.

Les Japonais ont été tout de suite frappés de la supériorité de l'Europe sur la Chine, et ils se sont, sans perte de temps, mis à l'œuvre pour profiter de la découverte. Le Japon est en ce moment comme un homme qui, ayant dans sa maison un mobilier d'un certain style, et venant à s'éprendre d'un style nouveau, jetterait au plus vite et pêle-mêle tout l'ancien par la fenêtre, pour le remplacer par le nouveau. Sans leur pauvreté, qui les arrête dans la voie des innovations européennes, on ne sait vraiment où ils en seraient venus, à voir, malgré les difficultés financières, les changements qu'ils ont déjà réalisés en tous sens.

Le vieux Japon pittoresque, le Japon japonais s'en va, et, dans vingt-cinq ans, les gens venus d'Europe iront à sa recherche sans le trouver. Déjà, en entrant dans la baie de Yedo, nous demandions des jonques et nous n'apercevions que des bateaux à vapeur sous pavillon japonais; les guerriers autrefois à casques et cuirasses sont aujourd'hui affublés de képis, gilets et pantalons, et leurs anciennes armures ne s'étalent plus que chez le fripier; les libraires vendent des livres européens, éditent des livres et des grammaires pour apprendre les langues et les sciences européennes, et en cherchant dans leurs étalages des livres illustrés japonais, c'est sur l'*Histoire de la civilisation*, de Guizot, et les *Principes d'économie politique*, de Stuart Mill, qu'il m'est arrivé de mettre la main. Dans beaucoup de cas, l'imitation européenne est grotesque; cependant on aurait pu encore plus mal faire dans une voie aussi nouvelle, et, si les vieux Japonais qui endossent les vêtements européens ont l'air de singes habillés devant lesquels on se détourne pour ne pas rire, les jeunes gens commencent à porter nos habits comme nous. Même les élèves de l'école de marine, dans leur petite veste, ont l'air tout aussi dégourdi que leurs pareils de n'importe quel pays d'Europe.

Quelle singulière péripétie des affaires humaines qui fait que, de toutes les terres d'Asie, c'est celle qui a été le plus longtemps fermée à l'Europe qui se trouve aujourd'hui la mieux préparée à recevoir les germes de sa civilisation et à les développer!

VI

KIOTO

Départ pour Hiogo et Osaca. — Voyage d'Osaca à Kioto. — Arrivée à Kioto. — Le théâtre. — Grand dîner. — La danse et la musique.

Janvier 1872.

En quittant Yedo, nous sommes retournés à Yokohama nous embarquer pour Hiogo et Osaca. Hiogo, à l'entrée de la mer intérieure et à côté d'Osaca, est un des ports où s'est fixée une colonie européenne ; Osaca est une grande ville de commerce, bâtie près de la mer, dans le delta de la rivière Lodo. Les Japonais lui donnent 300 000 habitants. Ses rues étroites, assez monotones d'aspect, sont bordées de magasins et de dépôts de marchandises ; ses canaux et les bras du Lodo sont couverts de jonques et de bateaux venus de tous les points du Japon. A Osaca il n'y a, en fait de monuments, que l'ancien château fort des taïcouns, en partie ruiné pendant la dernière guerre civile, et une pagode à quintuple étage, du reste une des plus grandes et des plus belles du Japon.

Osaca n'était qu'une étape secondaire de notre voyage. Nous y passions surtout pour aller à Kioto, la capitale, qui, jusqu'à la dernière révolution, a servi de résidence au mikado. Kioto n'a encore été visité que par un petit nombre d'Européens. Les Européens n'ont au Japon le droit de séjour que dans les ports désignés par les traités, avec un certain périmètre à l'entour. En dehors de ce périmètre, le pays demeure fermé, et, pour Kioto, la rigueur est telle, que tous ceux qui ont essayé, jusqu'à ce jour, de franchir la limite sans autorisation, ont été impitoyablement arrêtés et ramenés.

Heureusement que nous avons apporté avec nous une permission spéciale du gouvernement japonais. Quand nous arrivons à Osaca, nous trouvons le gouverneur de la ville prévenu directement de Yedo, et ayant déjà pris ses mesures pour notre voyage. Le voyage de Kioto, tel qu'on nous le fait faire, donne lieu à une organisation compliquée. Nous quittons Osaca aux mains d'un personnel désigné par le gouverneur : d'abord un interprète, puis un officier de la douane chargé de veiller à notre sécurité et qui prend avec lui une escorte de quatre hommes à sabre.

Dans cet équipage, nous nous embarquons pour remonter la rivière jusqu'à Fousymi, une distance de six ou sept lieues. Notre bateau à vapeur ne manque point de pittoresque. C'est une barque tout à fait plate, sur laquelle on a ajusté, tant bien que mal, une machine à vapeur, et qu'on a recouverte d'un toit donnant à l'avant et à l'arrière une chambre remplie de voyageurs. La rivière est large, ce n'est cependant qu'un grand torrent de montagne, plein de bancs de sable et de rapides. La navigation est donc difficile, la marche du bateau très-lente, et sur la berge nous voyons les voyageurs à pied nous dépasser prestement. Partis le matin d'Osaca, nous n'arrivons à Fousymi qu'à cinq heures du soir.

A Fousymi la navigation cesse, on prend la route de terre pour Kioto, à trois heures de marche. Ici notre suite acquiert tout à coup de singulières proportions. Nous trouvons, à nous attendre, une escorte de seize hommes à sabre, commandés par deux officiers, puis douze coulies pour porter les bagages, puis comme nous montons, nous et nos officiers, dans des *jinrikshas*, ce sont encore huit hommes pour tirer les petites voitures; avec les gens qu'à des titres divers nous menons déjà avec nous, cela fait quarante-huit hommes. On n'a jamais pensé au Japon à économiser le travail de l'homme; rien ne paraît plus naturel que de recourir pour toutes choses à l'emploi de la force humaine. Il n'y a point de routes; voyager en voiture ou même à cheval est donc inconnu; c'est en *cango*, porté à dos d'homme, ou traîné dans une voiture à bras qu'on parcourt le pays, et pour les bagages, comme le cheval est rare et le bœuf trop lent, c'est encore aux épaules de l'homme que l'on a recours.

A Kioto, nous logeons dans la maison d'un officier japonais, que le gouverneur a louée pour nous. Notre maison est naturellement en bois, et, si elle est plus belle et plus vaste que les autres, elle n'en est pas moins, comme elles toutes, chose fragile et de peu de substance. Ce ne sont que légers châssis recouverts de papier ciré servant de portes et fenêtres, et des panneaux de papier peint à coulisses faisant office de cloisons intérieures. Tout cela, élégant et artistement travaillé, constitue un fort bel ensemble de menuiserie et d'ébénisterie; mais cela ne répond en rien à l'idée qu'ailleurs on se fait d'un logis ayant pour principale destination de préserver des intempéries de l'air et de permettre aux habitants de se clore.

Kioto a été de tout temps une ville de luxe et d'amusements; les théâtres et les maisons de thé y sont particulièrement fréquentés. Pour aller ici au théâtre, la première chose à faire est de se lever de grand matin; les représentations commencent soit au milieu de la nuit, soit à l'aube du jour. Levés à six heures, nous arrivons à sept au théâtre. Nous nous trouvons dans un vaisseau fort vaste; c'est une construction en bois sans ornementation intérieure, la charpente est partout à nu. Le jour pénètre latéralement du haut par de grandes ouvertures. Dans le pourtour, deux rangs de galeries, et en bas une sorte de parterre. Il n'y a point de siéges, les Japonais ne connaissant rien de semblable; le plancher de la salle est simplement recouvert de nattes de paille sur lesquelles les spectateurs sont accroupis. Pour désigner à chacun sa place et le séparer du voisin, on a élevé à un pied et demi du sol des divisions carrées en bois, qui font assez bien l'effet des cloisons servant, dans les marchés européens, à parquer les moutons ou les lapins. La scène occupe tout le fond du théâtre, comme chez nous; mais l'orchestre est placé sur le côté, dans une sorte d'enfoncement qui tient la place qu'occuperaient en Europe les baignoires d'avant-scène. Tous les rôles, même ceux de femmes, sont remplis par des hommes.

Quand nous entrons, la scène est occupée par des acteurs revêtus de costumes historiques. Déjà, à Yédo, nous avons vu quelque chose de semblable. Il s'agit de pièces où figurent les personnages traditionnels de la légende ou de l'ancienne histoire nationale, et pour des étrangers ne comprenant point la langue et ne connaissant guère l'histoire du Japon, il est difficile de suivre et de comprendre. Le spectacle historique terminé, le programme annonce une pièce tirée des aventures des Quarante-sept *lonines*. Or ces aventures nous sont connues pour les avoir lues dans une traduction. Nous nous promettons cette fois-ci une œuvre que nous pourrons comprendre. En effet, le rideau est de nouveau tiré — car ici on ne le lève point, — et la scène présente des dispositions nouvelles. D'abord un décor fort passable, un devant de maison, avec une porte et une clôture de jardin. Là vont se passer plusieurs scènes ; puis, comme les autres seront à l'intérieur, le plancher est tournant, et, en le mettant en mouvement, on dérobe le premier décor et on amène à sa place sur le devant un décor d'intérieur. La pièce commence. Nous pouvons la suivre, et réellement nous la suivons avec un intérêt qui devient palpitant. On se croirait à un de nos drames. La manière savante dont les péripéties et les coups de théâtre sont ménagés, la combinaison du comique et du tragique, la vie de famille et le détail intime mêlés au drame épique et à l'action tragique, tout s'y trouve. Si à cela on ajoute des acteurs consommés, connaissant toutes les ressources du métier, on verra que les Japonais, au théâtre, savent manier les passions humaines et en combiner le jeu avec art.

La Nikentchaïa, qu'on peut traduire en français par le restaurant des Deux Maisons, est la plus célèbre des maisons de thé de Kioto ; c'est là qu'on va dîner et passer la soirée en faisant venir des musiciennes et des danseuses. Nous avions invité nos officiers japonais à un dîner à la Nikentchaïa, en leur laissant du reste le soin de tout ordonner. Le soir venu, à six heures, nous entrions dans la salle du festin. Nous nous rangeons accroupis en demi-cercle, au fond de la salle. Bientôt les servantes de la maison viennent déposer en face de chacun de nous, sur la natte, un plateau en laque, sur lequel se trouvent deux petites baguettes. Un Européen auquel on présente les petites baguettes en guise de cuiller et de fourchette fait toujours un peu la figure du renard de la Fontaine invité à plonger son museau dans le col étroit d'un bocal. Malgré tout, après un certain apprentissage, on parvient à peu près à s'en tirer. Les baguettes se prennent toutes les deux de la main droite, l'une retenue entre le pouce, l'index et le médium, l'autre entre les deux derniers doigts de la main; prises ainsi, elles font l'office des branches d'une pincette dont la main forme le dos et le lien connecteur.

Tous ensemble nous découvrons une tasse en laque dorée qui, avec les baguettes, a été placée sur notre plateau; mais pour nous Européens, il n'y a pas moyen d'aller plus loin. Il y a dans la tasse une soupe au poisson qu'il est impossible de faire arriver jusqu'aux lèvres. A la soupe, succède une suite de petites assiettes ou soucoupes surchargées de toutes sortes de mets. Comme pour la soupe, impossible de rien avaler. Ce sont des saveurs inconnues, qui ne fournissent aucun indice sur la nature des substances présentées. Tout ce que l'on découvre, c'est qu'il y a absence complète de chair animale, et que le fond du repas se compose de poisson. Là-dessus il n'y a point à se méprendre, car le poisson nous est servi le plus souvent absolument cru, aussi cru qu'il a été pêché. Le second service succède au premier; il est marqué par un changement de plateau et par une nouvelle variété de petites assiettes. Quant à la cuisine, même conglomérat de substances réunies sans aucun système apparent.

De tout le dîner, je n'ai, pour ma part, pu manger qu'une couple de châtaignes rôties, qu'une écrevisse pêchée par hasard dans un bouillon sans saveur, et une tasse de riz. Pendant ce temps, on faisait circuler, en se les passant de l'un à l'autre et en s'invitant mutuellement à boire, de petites tasses dans lesquelles les servantes versaient le *saqui*. C'est une liqueur, produit de la fermentation du riz; on la boit chaude comme le thé, et sa saveur n'est point trop désagréable.

Bien avant la fin du festin, nous avions déposé

nos oisives baguettes sur nos plateaux en laque, pour être tout entiers à la musique et à la danse qu'on faisait au milieu de la salle en face de nous. Nous n'avons pas moins de vingt musiciennes et danseuses. Nos exécutantes sont ce qu'on appelle des *guééchas*. Ce sont des artistes formant des groupes aux mains d'une personne qui les envoie jouer pour une somme convenue. Il y a de ces *guééchas* dans toutes les villes du Japon; elles forment partie obligée de tout dîner de cérémonie et de toute fête japonaise. Telles que les choses se passent, on ne peut imaginer rien de plus décent. La danseuse japonaise est enveloppée, des pieds à la tête, dans une grande robe à riches couleurs, dont les derniers plis forment un cercle autour d'elle sur le plancher. Elle change très-peu de place en dansant et ne frappe guère du pied que pour marquer la mesure; sa danse est toute de caractère; c'est surtout dans le jeu de la tête, du haut du corps et des bras qu'elle consiste. Nos danseuses dansent d'abord isolément en se succédant les unes aux autres; elles arrivent avec un éventail, un parasol, et s'en servent pour marquer ou accentuer leurs poses; puis elles se forment en rang toutes ensemble, et balancent en cadence le corps et les bras, mais sans presque encore se mouvoir sur le plancher.

La musique aux accords de laquelle on danse est du même genre que celle que nous avons trouvée au théâtre, avec cette différence qu'au théâtre les exécutants sont des hommes et qu'ici ce sont des femmes. L'instrument qui forme le fond de l'orchestre et la base de tout l'accompagnement musical est le *shamicin*, une sorte de guitare à trois cordes. On en joue, non point en pinçant les cordes avec le doigt, mais en les frappant avec le coin d'une spatule en bois. Le son que produit cette guitare se rapproche assez de celui obtenu du violon lorsqu'au lieu de l'archet on pince les cordes avec le doigt. A l'occasion, on ajoute au *shamicin*, comme accessoires, la flûte et le tambour. Cependant la musique instrumentale n'existe point ici à l'état séparé, elle ne sert que comme accompagnement du chant; les exécutants qui jouent de la guitare chantent donc en même temps, et à vrai dire, une réunion de musiciens au Japon constitue un chœur plutôt qu'un orchestre. Nos musiciennes, ayant accordé leurs instruments, se mettent à chanter. Elles chantent à l'unisson sur un ton lent. Leur chant a du rhythme, du sentiment, la mesure et l'accord sont parfaitement observés, aussi écoute-t-on avec assez de plaisir; mais il n'y a presque point de variété dans le rhythme ou les airs, et tout se borne à une sorte de psalmodie continue.

VII

KIOTO

Les temples de Kioto. — Le palais du mikado. — Le lac de Biwa. Le cèdre de Karasaki.

Janvier 1872.

La ville de Kioto est célèbre par ses temples. Par leur nombre et leurs dimensions, les temples de Kioto constituent une magnifique série d'édifices religieux. La plupart d'entre eux ont quelque particularité remarquable. Celui de Nichi-hon-gouan-dgi est le plus grand du Japon. Comme tous les édifices de ce pays-ci, il est construit en bois, mais, par ses belles et vastes proportions, il réalise toutes les conditions de la grande architecture. A San-djou-san-ken-do, une des plus vieilles constructions de Kioto, se trouve une immense série de personnages sanctifiés du bouddhisme, trente-trois mille trois cent trente-trois, pas un de plus ni de moins, tous dorés des pieds à la tête, exposés en longue file sur des gradins, petits et grands; les grands en pied, les petits placés sur les bras, les épaules, la tête des grands. A Mi-hô-in, c'est une tête en bois de Bouddha, haute de vingt pieds; à Tchi-hô-in, une grosse cloche; ailleurs des statues en bronze de Bouddha, et toutes sortes d'autres curiosités.

Kioto est bâti en plaine, dans un grand cirque de montagnes. Les temples sont placés à l'entour de la ville dans la campagne. De tous côtés, en sortant de Kioto, on rencontre de grandes avenues qui conduisent à des bouquets d'arbres magnifiques, au milieu desquels les temples sont construits. A l'est, la ville se rapproche des montagnes jusqu'à en toucher le pied. Dans cette direction, les hauteurs apparaissent au loin avec les toits relevés de leurs temples; en y montant, on circule au milieu de bois épais de pins et de bambous. Les édifices placés au milieu de cette belle nature ont été orientés pour commander la vue, et de leurs plates-formes on jouit du panorama de la ville et de la vallée.

A l'ouest, les montagnes sont plus éloignées que du côté opposé; pour les atteindre, on traverse une partie de la plaine cultivée. De ce côté encore, il y a de grands massifs de verdure, et au pied même des hauteurs, un massif plus frais que les autres, qui abrite la chapelle bouddhiste de Kinkakodgi. Il est impossible d'imaginer un lieu plus riant et mieux choisi. Ce sont de grands bouquets de pins d'espèces diverses, avec toutes sortes d'arbres à feuilles persistantes; au centre, entouré d'un mur de feuillage, on a ménagé un petit lac d'un dessin plein de goût; du fond du bosquet, la montagne s'élève arrondie et forme en perspective un gigantesque dôme de verdure. Au milieu de ce beau site est la chapelle de Kinkakodgi, toute petite et fort peu en proportion avec les dimensions de la scène naturelle. J'imagine que la visite à la chapelle a dû servir bien souvent de prétexte à un séjour prolongé aux beaux ombrages qui l'entourent, et les gens qui ont choisi et disposé les lieux, s'ils étaient de fervents bouddhistes, étaient plus sûrement encore des dilettanti et des épicuriens. Du reste, au Japon, on ne fréquente point les édifices religieux uniquement pour prier : on les a placés de telle façon que leur visite est en même temps une promenade aux plus beaux sites du pays; et, s'il en était besoin, les maisons de thé qui sont à leur porte, les fêtes locales qui se tiennent dans leurs parvis, nous apprendraient que les prêtres japonais ne font point de l'exercice du culte une chose austère, séparée des plaisirs ordinaires de la vie.

En dehors de ses temples, Kioto ne possède pas de monuments remarquables par leur architecture. Le Daïri, au centre duquel habitait le mikado, est en partie composé de bicoques qui servaient à loger les grands dignitaires, les femmes et les parents du mikado. La résidence propre du mikado est entourée d'une enceinte quadrangulaire, une sorte de mur de ronde, ayant au plus cinq cents mètres de côté. Quand on pénètre dans l'intérieur, on passe d'abord dans une cour fort ordinaire, dont la porte et les clôtures en bois sont peintes en rouge : c'était là la grande entrée et cour d'honneur. Puis on trouve un tout petit jardin et, donnant sur ce jardin, le palais même du mikado. C'est en visitant le Daïri qu'on voit à quel degré d'insignifiance les taïcouns avaient réduit les mikados, et ce prétendu palais reçoit sa vraie signification du mur de ronde qui le ceint et qui en faisait une prison.

De Kioto, nous faisons une excursion au lac de Biwa, à trois heures de marche au nord-est de la ville. Nous sortons, en suivant le Tokaïdo, du cercle de montagnes dans lequel est situé Kioto, et, pour nous rendre à Oïtz, sur les bords du lac, nous traversons de grandes collines boisées. Le lac lui-même est entouré de montagnes dont les sommets sont en partie couverts de neige; il est fort vaste, du côté du nord on n'aperçoit point ses rivages. Ici encore nous trouvons des temples, comme toujours dans la plus belle des situations. La ville d'Oïtz est dominée d'une façon pittoresque par les constructions de Mii-dera, et, en naviguant sur le lac, on découvre du milieu des grands bois, et fort haut sur les montagnes, des séries de temples dont le nombre finit par étonner.

A Karasaki, sur les bords du lac, se trouve une des curiosités naturelles du Japon. C'est un vieux cèdre qui a poussé ses branches latéralement presque au ras du sol, de façon à former un immense parasol de quarante-cinq mètres de diamètre. Ses branches énormes, pour ne point craquer sous leur propre poids, ont dû être étayées par une foule de pieux. En approchant, on reconnaît que ce qui de loin paraissait tout un bois n'est qu'un seul et même arbre.

Nous pourrions continuer ainsi pendant longtemps à nous promener autour d'Oïtz et de Kioto, car ce sont partout des sites magnifiques; cependant nous ne saurions nous attarder outre mesure, et il nous faut songer à revenir vers la mer.

VIII

OSACA

Retour à Osaca. — Le grand Bouddha de Nara. — Coryama, ville de daïmio. — Nous sommes l'objet d'une grande curiosité.

Janvier 1872.

De Kioto, pour retourner à Osaca, nous avons pris une direction nouvelle ; après avoir vu se reformer autour de nous tout un cortége, nous avons suivi la route de terre en passant par Oudgi, Nara, Coryama et Sakaï. Le Yamato et le Kavadsi que nous traversons sont parmi les provinces les plus riches et les plus peuplées du Japon, et Nara, avant Kioto a servi de résidence au mikado. Toute la contrée est cultivée avec le plus grand soin ; pas un coin de terre qui ne soit remué et travaillé. Ici, comme pour toutes choses, le travail de l'homme fait seul tous les frais ; c'est à peine si une imparfaite charrue, traînée par un seul buffle, apparaît de temps en temps. L'agriculture japonaise ressemble à un grand travail d'horticulture exigeant une immense somme de labeur humain. Le système agricole du pays est fort simple ; il paraît cependant bien entendu. Le sol du Japon se compose alternativement de plaines et de montagnes. La montagne, impropre à la culture, est réservée au bois, et en effet, toutes les hauteurs du Japon sont couvertes de bois de pins. A la plaine, la montagne fournit l'eau, et celle-ci, répandue par un système général d'irrigation, permet de couvrir le terrain des rizières. Le riz constitue ainsi la base de l'agriculture. Les terres qui ne peuvent être irriguées sont réservées au mûrier et au thé. Il n'y a point de troupeaux, et les prairies sont inconnues.

Au départ de Kioto, notre première étape était à Oudgi. Les plateaux qui entourent Oudgi produisent le meilleur thé du Japon. L'arbre à thé se plante ici en rangs réguliers, comme la vigne ; on le taille de façon à en faire un petit buisson arrondi. Autour d'Oudgi, les buissons à thé couvrent toute la campagne d'un tapis d'une verdure d'émeraude.

Nara marque la fin de notre seconde étape. C'est une vieille ville, anciennement capitale, qui n'a presque rien gardé de son antique grandeur ; la plupart des espaces occupés autrefois par ses temples sont maintenant vides et abandonnés. Ces espaces et les environs sont peuplés de cerfs qui errent en pleine liberté; on les voit venir, jusque dans les rues de la ville, prendre aux portes la nourriture qui leur est offerte. Nous leur présentons nous-mêmes du pain et des gâteaux, qu'ils nous mangent familièrement dans la main.

A Nara, tous les temples ne sont cependant point détruits; il en est entre autres un fort grand, qui a gardé sa splendeur primitive. Il sert d'abri à un gigantesque Bouddha de bronze, le plus grand de tout le Japon. Ce Bouddha a cinquante pieds de haut; il est assis, les jambes croisées sous lui, sur une énorme fleur de lotus à double rang de pétales, également en bronze. Cette fleur a les dimensions d'un cirque; en faire le tour est un petit voyage. Le Bouddha de Kamakoura, près de Yokohama, que nous connaissons, est moins haut que celui de Nara, mais, par sa pose et son geste différents, il paraît surtout beaucoup moins colossal. Qu'on ne s'imagine point du reste une statue n'ayant d'autre mérite que ses dimensions; tout au contraire, nous sommes en face d'une véritable œuvre d'art. Le colosse a la main droite étendue, relevée, les doigts en l'air, la paume vue de face; la main gauche est posée à plat, un peu en avant sur les genoux, la paume tournée en haut. La tête est moins vieille que le corps même de la statue, ayant dû être refaite, il y a un siècle, à la suite d'un incendie. Elle est moins heureuse de forme que celle du Bouddha de Kamakoura; mais on n'y retrouve pas moins, avec un grand cachet de simplicité, l'expression obligée de calme et d'abstraction que comporte le type de Bouddha. Ce colosse produit une grande impression quand on le découvre pour la première fois, et l'impression ne fait que grandir à mesure qu'on l'étudie et qu'on tourne autour.

Nara est situé au pied des montagnes, et lorsqu'on en sort dans la direction de Sakaï, on s'engage dans une vaste plaine couverte de cultures. Le pays est très-peuplé; sur la route est une succession de villages, puis vient Coryama, que l'on traverse dans toute sa longueur et qui paraît interminable. Coryama était une ville de daïmio. Son château avec fossés et solides murailles est là pour l'attester. Mais la dernière révolution a mis le daïmio hors de sa forteresse, et nous trouvons celle-ci occupée par les troupes du mikado. Du reste, nous avons un témoignage encore plus sensible, s'il se peut, de la chute du seigneur féodal et de la disparition de sa puissance. En traversant Coryama, nous trouvons toutes les boutiques remplies des canons, fusils, sabres et cuirasses dont étaient autrefois armés ses soldats. Tout un arsenal de vieilles armures et d'antiques engins, offert et mis en vente, nous passe ainsi sous les yeux.

Cependant, si le pays que nous traversons nous intéresse et excite notre curiosité, ce n'est presque rien en comparaison de la curiosité que nous excitons nous-mêmes. D'Oudgi à Nara, les habitants sortent en foule de leurs maisons pour nous regarder passer; ils nous attendent à l'entrée des villages et à la traversée des rivières. A partir de Nara, la curiosité, s'il se peut, est encore plus grande. Nous voyons les paysans descendre partout des montagnes et quitter le travail des champs pour accourir à notre rencontre. A Coryama, toute la ville est en l'air : les magistrats du lieu viennent au-devant de nous, et, pour nous frayer passage, mettent en tête de notre petite colonne quelque chose comme le commissaire de police. C'est un homme d'une belle prestance, avec un sabre à la ceinture. Il nous précède et écarte la foule avec une dignité et un air de l'importance de sa mission qui ne manquent point de nous faire sourire. Ceci, qui nous rappelle ce que nous avons vu si souvent en France, nous prouve une fois de plus que l'homme au fond est à peu près le même partout. Je ne sais si c'est là la réflexion que font les Japonais qui contemplent des Européens pour la première fois; dans tous les cas, ce qui semble les étonner beaucoup c'est notre barbe, et à voir la frayeur des petites filles, qui, lorsque nous passons près d'elles, rentrent précipitamment dans les maisons, je suis certain que notre face barbue nous donne l'apparence de croquemitaines, par comparaison avec les visages rasés du Japon.

Nous restons ainsi plusieurs jours à l'état de bêtes curieuses, mais point trop importunés ; car, si la curiosité est grande, ce n'est jamais que de la curiosité. Pas le moindre signe d'hostilité ou d'éloignement ; au contraire, de la part de tous, de la politesse et des prévenances. Aussi n'est-ce point sans un serrement de cœur qu'en arrivant à Sakaï, nous découvrons au loin la pagode d'Osaca, où sera le terme de notre voyage, et, tout à fait à l'horizon, l'entrée de la mer intérieure, qui est la porte par laquelle nous allons sortir du pays. L'approche des adieux, qui, dans la vie du voyageur, produit toujours une certaine impression de tristesse, nous paraît particulièrement triste aujourd'hui, qu'il nous faut quitter ce beau pays du Japon et ce peuple japonais, si gai, si aimable, si sympathique.

II

LA CHINE — LA MONGOLIE

I

SHANGHAI

Arrivée à Shanghaï. — Le Yang-Tse. — Les Européens à Shanghaï. Leur commerce avec la Chine.

Février 1872.

Le contraste le plus complet attend le voyageur qui, venant du Japon, arrive en Chine par Shanghaï. Il a traversé la mer intérieure du Japon, toute bordée de magnifiques montagnes, il vient de quitter Nagasaki, entourée de hauteurs pittoresques et charmantes, et il aborde une côte absolument plate, à peine visible, dont la ligne monotone n'offre à la vue que quelques arbres rabougris. Au Japon, il était dans des eaux bleues; ici, à cent milles au large, la mer commence à jaunir, et dans le Yang-Tse il n'y a plus que des eaux troubles et boueuses. Cependant le Yang-Tse impressionne tout d'abord par sa grandeur. C'est un des plus grands fleuves du monde; sorti du Thibet, il traverse la Chine dans toute sa largeur. A son embouchure, il roule un énorme volume d'eau, et teint toute la mer de sa couleur. Ce sont les dépôts apportés par lui et lentement accumulés qui ont formé le pays; la terre, tant elle est basse, paraît encore imparfaitement dégagée de ses eaux. Sur les deux rives du Yang-Tse, le pays est coupé de canaux et de cours d'eau; à gauche en venant de la mer, se trouve une rivière particulièrement large et profonde, le Whampou, sur laquelle est situé Shanghaï.

Shanghaï est la métropole du commerce européen en Chine. Shanghaï a depuis longtemps dépassé, comme chiffre d'affaires, tous les autres ports. Sa prospérité croît sans cesse; il est vrai que sa situation est sans rivale. A l'embouchure du Yang-Tse, elle monopolise les affaires qui, par ce fleuve et ses affluents, se font avec l'intérieur, de même qu'elle sert de point de distribution pour les ports du nord. Shanghaï possède tout l'outillage des plus grands centres commerciaux d'Europe. Les grandes banques, les grandes compagnies de navigation, de télégraphe, les sociétés d'assurances y sont au service de maisons de commerce nombreuses et puissantes.

Quand on arrive à Shanghaï, que de loin on découvre sa rivière, couverte de navires à vapeur, qu'on voit se développer en fer à cheval un quai bordé de magnifiques maisons, on se demande si l'on est bien véritablement en Chine et à l'extrémité de l'Asie; et de fait à Shanghaï on est aussi peu en Chine que possible. Ce n'est pas qu'en haut de la rivière, à côté de la colonie européenne, il n'y ait une ville chinoise à laquelle on donne même deux ou trois cent mille habitants; mais on ne s'aperçoit presque point de son existence, car personne n'y va. Les Européens restent dans leur propre ville, dont les rues vastes et spacieuses, les maisons avec cours et jardins, leur donnent tout l'espace nécessaire pour se mouvoir. On ne trouve la Chine au milieu des Européens que sous la forme d'une multitude de gens de service entretenus par eux, *compradores*, coulies, porteurs, bateliers, domestiques de tout genre et de tout ordre.

Ce sont les Anglais qui dominent à Shanghaï,

comme dans tous les ports de Chine. Leur langue est en usage général et sert pour ainsi dire de langue commune aux hommes des diverses nationalités. L'influence prépondérante qu'ont ici les Anglais, ils la doivent à leur commerce; ils ont en effet dans la main la plus grande partie des affaires.

Le commerce de la Chine avec le dehors est arrivé à prendre des développements considérables. Dans l'avenir, il grandira encore sans doute. Cependant il n'est guère probable que les échanges avec la Chine atteignent jamais les proportions que rêvent certains esprits. La Chine, comme tous les pays d'Asie, est un pays pauvre; il n'y a pas de pays en Europe, pour arriéré qu'il soit, qui, comme puissance de production et comme richesse accumulée, ne soit en dehors de toute comparaison avec elle. Le Chinois a peu de besoins, il produit peu et consomme peu; c'est un mauvais client pour l'Européen, qui, lui, produit beaucoup, qui consomme beaucoup et qui a toutes sortes de besoins. Telles que les choses se passent, la Chine n'a à donner à l'Europe que deux produits de son sol : le thé et la soie, et celle-ci lui en achète tous les jours davantage. En échange, le

Chinois n'a presque aucune envie de la masse de choses que l'Européen fabrique et qu'il peut offrir; aussi ne prend-il guère au dehors que des métaux, des tissus de laine et de coton, et avec cela du poison, de l'opium.

II

HAN-KAU

Vou-Tchang, Han-Kau et Han-Yang, leur population exagérée.— Les *yamens.* — Le bâtiment des examens. — Saleté repoussante. — Les femmes. — La campagne couverte de tombeaux.

Février 1872.

On ne saurait parvenir d'une manière plus superbe au cœur d'un pays qu'on ne le fait au cœur de la Chine, en remontant le Yang-Tse. Quel énorme fleuve que ce Yang-Tse! Ici, à son confluent avec le Han, à 900 kilomètres de son embouchure, il est encore large d'un kilomètre, et il porte les navires venus de la haute mer. Le commerce intérieur du pays se concentre sur ses bords : à Han-Kau, on voit des jonques venues de toutes les rivières du centre de la Chine. Cependant Han-Kau n'a pas l'honneur d'être une ville administrative, ce n'est qu'une ville d'affaires, un village, diraient les Chinois. En face de Han-Kau, sur la rive droite du Yang-Tse, est la ville de Vou-Tchang, qui possède dans ses murs un vice-roi et le gouverneur de la province de Hou-Pe. Du même côté du Yang-Tse qu'Han-Kau, c'est-à-dire sur la rive gauche, mais de l'autre côté du Han, est une seconde ville administrative, Han-Yang, servant de résidence à des mandarins d'un rang secondaire.

Ces trois villes, Han-Kau, Vou-Tchang et Han-Yang, bâties en face les unes des autres et se regardant à travers le fleuve et la rivière, forment un grand centre qui a toujours passé pour l'un des plus populeux de la Chine. Le père Huc va jusqu'à parler de huit millions d'habitants; d'autres voyageurs se sont contentés de trois, puis de deux millions, ou même, dans ces derniers temps, de douze cent mille, mais personne n'a encore osé rabattre du million. En arrivant ici, l'imagination échauffée par ces chiffres, nous nous attendions à trouver une prodigieuse agglomération d'êtres humains; nous en avons été quittes pour nos frais d'imagination. Il n'y a, comme mouvement et comme foule, rien qui dénote le million. En montant sur les collines qui dominent de près les habitations, on voit très-bien que l'espace ceint par les murailles et couvert de maisons est relativement restreint, et il ne paraît pas que la population des trois villes, de quelque manière qu'on la suppute, puisse actuellement dépasser 500 000 habitants. L'opinion que la population de la Chine a été fort exagérée commence du reste à prévaloir parmi les Européens qui résident en Chine. Il n'existe point ici de statistique vraiment digne de foi, chacun suppute les chiffres à sa manière, et les premiers Européens qui nous ont parlé de la Chine avec cet amour du merveilleux qui s'empare si facilement des gens revenus de loin, auront sans aucun doute de beaucoup grossi les chiffres de la population.

A Han-Kau, nous sommes en pleine Chine. Il y a bien encore en vue les maisons de la concession européenne qui s'alignent le long du fleuve, mais ce n'est plus qu'un point dans le paysage. Nous complétons ici l'idée que nous nous sommes déjà faite d'une ville chinoise en voyant successivement la ville chinoise de Shanghaï, et Ching-Kiang et Kiou-Kiang, sur le Yang-Tse. Au fond, toutes ces villes se ressemblent; décrire l'une, c'est les décrire toutes, et le meilleur type à prendre est encore Vou-Tchang, la capitale d'une province.

On est tout d'abord frappé, en approchant de Vou-

Tchang, par la vue des murailles dont elle est ceinte. Ces murailles sont la conséquence de sa dignité de capitale de province, car qui dit chef-lieu de province ou de district dit forcément en Chine ville fortifiée. Du reste on ne trouve rien ici qui ressemble à la fortification européenne : les murs d'une ville sont de vrais murs avec créneaux et meurtrières s'élevant à une respectable hauteur au-dessus du sol de la campagne. Cela donne du pittoresque à la ville vue du dehors, mais rien de plus.

Si, passé les murs, nous cherchons à nous expliquer le plan de la ville et le système qui a pu autrefois présider à sa construction, nous découvrons qu'à vrai dire il n'y a eu ni plan ni système. Le tracé géométrique et la recherche de la perspective doivent être considérés comme des choses inconnues à la Chine. Les villes chinoises n'offrent qu'un dédale d'allées et de couloirs. Ce que nous appellerions ici les grandes rues, ailleurs ne serait que des ruelles. Ces rues, qui, par comparaison, sont cependant assez droites, se coupent et se relient entre elles de manière à traverser la ville dans ses divers sens et à conduire aux portes. Là sont les boutiques, et comme elles demeurent sans devantures, entièrement ouvertes, la grande rue chinoise a la physionomie d'un bazar. On ne circule par les rues qu'à pied ou porté en chaise, et en fait d'engins roulants on ne voit que des brouettes.

Vou-Tchang, capitale de province et résidence de nombreux mandarins, renferme naturellement un certain nombre de *yamens*. Les *yamens* correspondent à ce que l'on appellerait ailleurs les édifices publics : ils servent de résidence officielle aux mandarins, c'est là qu'ils donnent leurs audiences et rendent la justice. Ces constructions, en grande partie en bois, généralement assez mesquines d'aspect, n'attireraient en rien le regard, si ce n'étaient deux grands mâts plantés à l'entrée, du sommet desquels pendent des oriflammes triangulaires aux couleurs éclatantes.

Comme construction réellement singulière, il faut visiter le local qui sert aux examens littéraires. Chaque lettré doit être mis à part pendant les examens. On a donc rempli un vaste terrain de longs murs, bâtis parallèlement les uns aux autres, de six pieds en six pieds, puis on a divisé de trois pieds en trois pieds, par des cloisons perpendiculaires, les couloirs compris entre les longs murs, en laissant cependant un passage libre pour les communications le long d'un des murs. On a ainsi obtenu plusieurs milliers de petites cases ou guérites fermées de trois côtés seulement et dans lesquelles on met les candidats à l'époque des examens. Les candidats doivent rester plusieurs jours blottis dans ces petites cases, tout le temps exposés à l'air, et il paraît que les souffrances sont telles dans ces conditions qu'il n'est pas rare d'en voir mourir sur place. En fait d'édifices, il n'y a plus après cela que des pagodes; mais, avec la meilleure volonté du monde, entre Vou-Tchang, Han-Kau et Han-Yang, il n'y a pas moyen de trouver autrement que bizarres les pagodes de toute forme qui se rencontrent en assez grand nombre, et aucune d'entre elles ne nous a paru s'élever à la dignité d'un véritable monument d'architecture.

Mais le caractère saillant, le trait dominant de la ville chinoise, c'est la saleté, une saleté sans nom, une saleté qui offense à la fois tous les sens. Le Chinois vit dans l'ordure et le nez sur la crotte. Ses villes sont des cloaques. Il n'y a point de rue qui ne soit pleine de toutes sortes d'immondices s'accumulant sur le pavé avec ce qu'on n'ose nommer.

On est tout le temps sur un fumier. Ce sont des puanteurs à faire perdre contenance. Et quels spectacles ! Dans les carrefours et devant les pagodes grouille un peuple en guenilles ; là vous êtes assailli par des culs-de-jatte et des mendiants couverts de gale, de teigne, de lèpre et d'ulcères, qui ont sur le dos la vermine de plusieurs générations, et auprès desquels les mendiants de Callot feraient l'effet de gentilshommes. On se demande comment un peuple peut vivre dans un aussi incroyable état de malpropreté. On en est d'autant plus étonné qu'à part le pauvre peuple, qui porte forcément les haillons de la misère, le Chinois est extérieurement assez soigné dans sa tenue. Les Chinois de la classe officielle sont revêtus de luxueux costumes de soie, et les simples bourgeois et marchands, dans la saison où nous sommes, portent de longs vêtements de fourrure qui ont un aspect des plus confortables. Aussi ce qu'il y a de mieux dans les villes chinoises, ce sont les gens bien vêtus, qui s'y trouvent encore en assez grand nombre pour que, dans les principales rues, la foule qui circule ait un air relatif de bonne tenue.

Par contre, on ne voit de femmes qu'en petit nombre. Les femmes se tiennent à la maison, dans un état de réserve et d'effacement qui les fait presque disparaître de la rue. Ainsi l'exigent les bienséances. On ne voit donc guère en public que les femmes du peuple et de cette classe que les nécessités de la vie obligent à vaquer au soin des affaires de la famille. Les femmes chinoises que l'on rencontre font du reste une singulière figure avec leurs petits pieds; elles paraissent absolument estropiées. Les pauvrettes se meuvent d'un pas chancelant et incertain; on dirait, à les voir, qu'elles marchent sur des noix; elles sont obligées de recourir à leurs bras pour se tenir en équilibre, et en marchant elles les tiennent étendus dans un état de balancement continu.

Après une promenade prolongée dans les rues de Vou-Tchang, nous allons chercher dans la campagne un air pur qui nous remette des miasmes de la ville. Sur le sentier que nous suivons, nous rencontrons d'honnêtes citadins passant dans le repos les fêtes du jour de l'an chinois. De droite et de gauche, nous les voyons dans de rustiques maisons de thé, occupés à boire du thé et à croquer des pois et des pepins de pastèques rôtis. On ne saurait imaginer de population plus paisible. Du reste, la campagne est nue et ce n'est qu'un cimetière. Au sortir des portes de la ville, les tombeaux commencent. Tant que la vue peut s'étendre au loin sur les collines, on découvre une succession ininterrompue de petits tertres tumulaires de gazon. En Chine, toute terre est propre aux sépultures et l'espace appartient aux morts.

III

NANKIN

Nankin détruite par les Taë-Pings. — La tour de porcelaine, un amas de décombres. — Les Taë-Pings. — Ils établissent le siége de leur empire à Nankin. — Ils sont exterminés par les Impériaux.

Février 1872.

On monte et on descend le Yang-Tse, entre Shanghaï et Han-Kau, sur de grands bateaux à vapeur construits sur le modèle de ceux qui sillonnent les rivières d'Amérique. Il y a des services réguliers, plusieurs départs dans chaque sens par semaine. On fait ainsi commodément toutes les escales du fleuve.

En descendant le Yang-Tse, venant d'Han-Kau, les hautes murailles qui ceignent la ville de Nankin se découvrent de loin. Elles s'élèvent de la plaine basse et gravissent une série de collines qui dominent le cours du fleuve. Le tracé des murs se détourne un peu avant d'atteindre le Yang-Tse, laissant entre la ville et lui un espace libre sur lequel est bâti le village de Tcha-Kiang, où l'on débarque. On traverse le village, on franchit la porte voûtée percée dans la muraille, et on se trouve dans l'enceinte de Nankin. Mais de ville, point; on ne découvre qu'un vaste espace nu, qu'un désert, que ferment devant soi de petites collines ondulées. On se met en marche, et au bout d'une lieue, arrivé au sommet des collines qui, à l'entrée dans les murs, bornaient l'horizon, on découvre un second espace, et non plus vide et nu, mais cette fois-ci couvert de ruines et de débris. Voilà aujourd'hui le premier aspect de ce qui fut Nankin, et à ce spectacle on s'explique, par un exemple frappant, la ruine de tant de villes d'Asie qui, après avoir été capitales de grands empires, n'ont plus leur emplacement marqué que par quelques briques éparses sur le sol.

Nankin a été la capitale de la Chine au commencement de la dynastie des Mings. Lorsque les Mings l'eurent quittée pour se transporter à Pékin, elle n'en conserva pas moins une véritable importance politique, en servant de résidence à un vice-roi chargé du gouvernement de trois provinces. Son enceinte est la plus vaste des villes de Chine, y compris

Pékin. Ses murs ont trente-sept kilomètres de tour seuls, de toutes les anciennes constructions de la ville, ils restent aujourd'hui debout et intacts. Quant à l'ancien Nankin, c'est à peine si on découvre de lui quelque pan de mur se tenant encore debout au milieu des décombres.

La fameuse tour de porcelaine a partagé le sort commun, elle a été détruite par les Taë-Pings, et ses neuf étages écroulés ne forment plus qu'un monticule de débris. Je me rappelle que, dans mon enfance, cet édifice était un des objets merveilleux qui hantaient mon imagination; il me faut bien reconnaître que les frais que mon imagination avait faits à son égard ne reposaient sur rien de réel. La porcelaine était ce qui entrait le moins dans sa construction: elle n'y figurait qu'à l'état de revêtement tout à fait partiel et par minces cordons. Parmi les ruines de la tour on ne voit guère que des briques communes et grossières, du genre de celles qui par tout pays servent à construire les tuyaux de cheminée. Aucun fragment de porcelaine n'est visible, et, pour avoir chance d'en trouver, il faudrait, paraît-il, fouiller profondément la masse des débris. Nous nous contentons d'acquérir, à titre de curiosité, une ou deux briquettes de porcelaine ayant autrefois fait partie de la tour, qu'on nous apporte. C'est le dernier coup porté à mes illusions.

En continuant jusqu'à la partie sud de la ville, on arrive à une seconde enceinte de murailles. C'est là qu'était anciennement le palais des Mings. La destruction de ce côté a été, s'il se peut, plus complète que partout ailleurs, et il ne reste absolument rien des vieilles constructions impériales. De tant de dévastations, les colosses de pierre placés en dehors des murs, devant les tombeaux des Mings, ont à peu près seuls survécu. Les constructions des tombeaux sont elles-mêmes fort endommagées, mais les colosses d'hommes et d'animaux qui les précèdent se détachent encore, dans toute leur grandeur, sur la campagne inculte et déserte.

Toutes ces ruines ont été accumulées pendant la guerre entre les Taë-Pings et les Impériaux. Nankin, prise deux fois, a été détruite deux fois. Mais, pendant les dix ans et plus que cette guerre a duré, la ruine de Nankin n'est qu'un épisode des destructions vraiment gigantesques qui ont eu lieu sur les deux rives du Yang-Tse. La partie la plus riche de la Chine a été tout entière ruinée, dévastée, dépeuplée. Le nombre d'êtres humains qui y ont péri par le fer et la misère est énorme, et, de quelque manière qu'on le suppute, atteint certainement plusieurs millions. Les villes les plus belles et les plus grandes, les centres de l'administration ou des plaisirs, comme Sou-Chau et Han-Chau, ou du commerce, comme Ching-Kiang et Yang-Chau, ont été détruits à l'égal de Nankin et réduits comme elle à des amas de décombres. Les Taë-Pings avaient cependant commencé par faire une guerre assez régulière, et on avait pu croire pendant un moment qu'ils seraient capables de fonder un gouvernement; mais plus tard ils en étaient venus à ne rien ménager et à tout détruire sur leur passage, les hommes et les choses. Voici du reste un aperçu de leur carrière :

Les Taë-Pings ont fait irruption en 1852, de la province du Kouang-Si au sud de la Chine, ayant à leur tête Houng-tse-syuen. Ce Houng-tse-syuen, après la lecture de certains livres chrétiens et des rapports plus ou moins directs avec des missionnaires protestants, s'était fait l'initiateur d'une nouvelle religion, qu'il prétendait être une forme du christianisme ou quelque chose s'en rapprochant.

Les gens à la tête desquels il apparaisait étaient les convertis que sa prédication avait faits, et ainsi la rébellion des Taë-Pings avait un caractère à la fois religieux et politique : religieux, la substitution d'une religion nouvelle aux anciennes croyances et particulièrement au bouddhisme; politique, l'expulsion de la dynastie mandchoue et la substitution à l'empereur à ce moment régnant d'un empereur nouveau, Houng-tse-syuen lui-même.

On ne pense pas que les premiers Taë-Pings, venus du Kouang-Si avec Houng-tse-syuen, aient dépassé dix à quinze mille, et cependant ils marchent tout d'abord de succès en succès. Ils couronnent leurs victoires par la prise de Nankin en 1853. Nankin devient alors leur grand centre d'action; ils en font leur capitale, et Houng-tse-syuen, qui se fait appeler le Prince Céleste, s'y bâtit un palais. Ce moment marque de près l'apogée de leur puissance. Des éléments nouveaux et dissolvants paraissent alors s'être mêlés aux premiers sectaires fanatiques plus ou moins sincères; à partir de ce jour, plus les Taë-Pings iront en avant, plus ils prendront le caractère de pillards.

De Nankin, les Taë-Pings se lancent vers le nord

et vers l'est. Ils arrivent au nord jusque dans le voisinage de Tien-Tsin, non loin de Pékin ; après quoi ils échouent et sont successivement refoulés par les Impériaux, d'abord sur le fleuve Jaune, puis sur le Yang-Tse. Dans l'est, ils prennent les deux grandes villes de Sou-Chau et de Han-Chau, mais ils sont arrêtés en face de Shanghaï par les Anglo-Français. Ceux-ci, passant bientôt contre eux à l'offensive et sortant de Shanghaï, leur reprennent une partie des villes qu'ils avaient conquises dans cette direction. Ainsi refoulés du côté du nord et de l'est, les Taë-Pings voient se resserrer de plus en plus le cercle qu'ils occupaient autour de Nankin. Ils sont à la fin assiégés dans cette ville même par l'armée impériale, qui s'en empare en 1864. La prise de Nankin par les Impériaux marque la fin des Taë-Pings, le dernier acte du drame étant un massacre en grand des prisonniers taë-pings, selon la pure tradition tartare, qui fait consister la guerre non point seulement à vaincre l'armée ennemie, mais à l'exterminer.

Aujourd'hui les Taë-Pings ont disparu, mais à Nankin les ruines amoncelées par eux et par leurs vainqueurs couvrent encore le sol. Les anciens habitants de la ville, décimés par le fer, l'exil, la misère, ne reviennent que peu nombreux. On voit bien dans un coin de l'immense enceinte surgir une ville nouvelle; toutefois elle n'occupe encore qu'une faible partie de l'ancienne, et il n'est guère probable que Nankin se relève jamais assez pour être autre chose qu'une ville de ruines.

IV

YANG-CHAU

Ching-Kiang. — Grand nombre des bateaux. — Les bateaux guerre. — Le grand canal. — Yang-Chau détruit par les Taë-Pings. — Souvenirs de Marco-Polo.

Février 1872.

Ching-Kiang est situé sur la rive droite du Yang-Tse, à peu près à moitié chemin de Nankin à la mer. Le grand canal venant du nord de la Chine entre dans le Yang-Tse à un kilomètre en amont de Ching-Kiang et en ressort pour continuer vers le sud, à quelques kilomètres en aval. Ching-Kiang ainsi à cheval sur le grand canal et le Yang-Tse a toujours été un point d'une grande importance commerciale. Comme Nankin, Ching-Kiang a été entièrement détruit par les Taë-Pings; dans son voisinage existaient de fort belles pagodes, qui ne sont plus aujourd'hui que des monceaux de décombres.

Quoique la population de la ville soit encore bien restreinte en comparaison de ce qu'elle était avant le passage des Taë-Pings, et que la misère soit encore grande, le pays d'alentour est si fertile et la situation si favorable qu'il est probable que Ching-Kiang, plus heureux que Nankin, se relèvera entièrement de ses ruines.

A Ching-Kiang nous louons un bateau pour aller à Yang-Chau sur le grand canal au nord du Yang-Tse. Dans cette partie de la Chine il n'y a point d'autres voies de communication que les rivières et les canaux, aussi les bateaux fourmillent-ils. Il y en a de toutes les grandeurs et pour tous les usages, allant à la voile, à la rame, à la godille. Notre bateau a une petite chambre avec une petite table et des bancs. Nous nous trouvons à trois fort à l'étroit dans ce réduit, et lorsqu'il faut nous y étendre pour dormir, nous ne savons où placer les jambes. Cet espace qui nous paraît si restreint serait cependant suffisant pour loger je ne sais combien de Chinois. Nous rencontrons, depuis que nous sommes sur le Yang-Tse, quantité de bateaux portant des voyageurs pressés les uns contre les autres comme des colis. Souvent ces bateaux sont à l'ancre, attendant le vent favorable, et le voyage ne reprendra que quand le vent sera venu, et il ne finira que quand le vent, dans ses alternatives capricieuses de va-et-vient, aura soufflé assez longtemps dans la direction voulue pour que le bateau arrive à destination. On reste ainsi en route des jours et des semaines.

Heureusement que Yang-Chau n'est qu'à une faible distance de Ching-Kiang, et que dans le grand canal nous pourrons aller à la corde en nous passant du vent. Notre bateau, glissant sur le Yang-Tse, atteint bientôt le grand canal; l'entrée n'en est aujourd'hui marquée par rien de particulier; le pays est ici très-plat, et les berges du canal se joignent à la berge du fleuve comme s'il s'agissait du dernier cours d'eau ou du dernier fossé. C'est toute une affaire que de pénétrer dans le grand canal et de s'y frayer un passage. Le canal, à son entrée, est littéralement obstrué par un entassement de bateaux amarrés les uns contre les autres pendant plus d'un kilomètre. Parmi les bateaux qui contribuent ainsi à obstruer le canal, et dont l'équipage assez peu bienveillant ne fait absolument rien pour nous faciliter le passage, sont ceux que le gouvernement chinois tient armés pour faire la police du fleuve et du canal, et courir sus aux pirates. Quelle marine de guerre! Il n'y a point à s'étonner qu'avec un pareil armement les soldats et les marins chinois, quand ils ont affaire aux Européens, ne commencent tout d'abord par prendre la fuite. Ces bateaux sont plats, ils vont à la rame; sur le devant ils ont une vieille pièce de canon cerclée, qui serait sans doute fort dangereuse pour les gens qui voudraient l'utiliser. Ce misérable attirail est servi par des mariniers qui ont l'air d'avoir été recrutés parmi la dernière racaille; à leur visage jauni on devine que leur principal passe-temps est de fumer l'opium.

Sur la partie du canal que nous suivons pour aller à Yang-Chau, le mouvement de la navigation est très-considérable. Ce grand canal, lorsqu'il était en parfait état, devait être quelque chose de vraiment grandiose. Il mettait alors en communication le nord de la Chine avec les provinces riveraines de la mer et toutes celles arrosées par le Yang-Tse. Aujourd'hui le grand canal, comme toutes choses en Chine, a été négligé; les principaux ouvrages qui au nord étaient nécessaires au maintien de sa navigation sont tombés en ruine; dans la partie avoisinant le Yang-Tse, où le pays est très-plat, le canal n'a jamais cessé d'être navigable. Il aurait cependant grand besoin d'être curé et ses berges relevées, car il a beaucoup perdu de sa profondeur et il ne porte plus que des barques d'un assez faible tirant d'eau.

En approchant de Yang-Chau, la presse des bateaux sur le canal recommence, et laissant nos mariniers tirer notre bateau comme ils pourront jusqu'à la ville, nous nous mettons en route à pied. Yang-Chau s'annonce de loin par une de ces hautes tours à étages, avec toitures à coins relevés, comme il s'en trouvait dans toutes les villes de cette partie de la Chine avant le passage des Taë-Pings. On ne sait à quel hasard la tour de Yang-Chau doit d'avoir été épargnée par les Taë-Pings, car la ville elle-même a été aussi absolument détruite que Nankin et Ching-Kiang. Dans les faubourgs nous voyons encore de grands amas de décombres, mais l'intérieur de la ville est déjà reconstruit, et la grande rue des boutiques a même un aspect des plus brillants. Nous trouvons là un certain nombre de boutiques de curiosité sur lesquelles nous nous abattons et où nous faisons une belle récolte de vieux bronzes.

A Yang-Chau rien ne subsiste plus du passé, cela

n'empêche point qu'on y pense à Marco-Polo qui en avait été gouverneur pendant trois ans. C'est lui qui nous l'apprend dans le vieux français de son livre :

« Quant l'en se part de Tiguy l'en chevauche une
» journée; et au chief de ceste journée treuve l'en
» la cité de Janguy (Yang-Chau), qui moult est grant
» et noble, laquelle a seigneurerie sur xxvij cités
» qui sont moult bonnes; si que ceste cité de Janguy
» est moult puissant. Et si siet en ceste cité uns des
» xij barons du grant Kaan. Ils sont idolastres et ont
» monnaie de chartretes. Et eut seigneurerie Marc
» Pol en ceste cité, trois ans accomplis, par le
» commandement du grant Kaan. »

V

PÉKIN

Le Peï-Ho. — Tien-Tsin. — Départ pour Pékin. — Routes affreuses et charrettes abominables. — Arrivée à Pékin. — Pékin ville délabrée. — L'architecture chinoise. — Les tombeaux des Mings. — Les environs de Pékin.

Mars 1872.

De Shanghaï pour se rendre à Pékin, on passe par Tien-Tsin, en remontant le Peï-Ho. Ce Peï-Ho est un petit fleuve vaseux, qui décrit les méandres les plus capricieux et les plus désagréables aux navigateurs. Cependant la distance à franchir sur le fleuve est assez courte, et huit heures suffisent à notre bateau à vapeur pour aller de Ta-Kou, à l'embouchure, jusqu'à Tien-Tsin.

Tien-Tsin, grande ville chinoise ressemblant à toutes les autres, n'a rien de particulièrement remarquable, mais on y fait ses préparatifs pour le voyage de Pékin, et, comme on doit s'organiser à la chinoise, c'est chose encore assez compliquée. On empile dans des charrettes ses bagages, des vivres, des matelas, des fourrures, et au milieu de tout cela, on se fait un trou tant bien que mal. Le voyage, selon qu'on se hâte plus ou moins, dure deux ou trois jours. Un abominable voyage!

La charrette usitée dans le nord de la Chine pour les voyages, et qui, dans l'intérieur de Pékin, sert de fiacre, est toute petite, absolument sans ressorts, avec des roues ferrées de clous à tête saillante. Les routes de Tien-Tsin à Pékin sont peu ou point frayées, ouvertes, au gré des charretiers, à travers champs, pleines d'ornières, de fondrières, de précipices. La petite charrette, traînée assez rapidement par deux mulets, ne va dans de tels chemins que de cahots en cahots et de soubresauts en soubresauts. On est tout le temps jeté de droite et de gauche contre les parois de la charrette, soulevé d'en bas, poussé en avant ou ramené en arrière! On se sent ébranlé jusque dans les moelles ; on finit par avoir tout à l'envers, la tête, le cœur et l'estomac. C'est une torture qui dure tout le voyage. Retardés sur la route par toute sorte d'incidents, des ponts rompus, des charrettes renversées, nous n'arrivons devant

Pékin que tard, les portes de la ville fermées. Nous sommes contraints de prendre gîte dans une misérable auberge, au pied des murs, attendant le jour et l'ouverture des portes. A l'aube, nous pénétrons dans la ville.

On ne peut point dire que le premier aspect de Pékin réponde à l'idée qu'on s'en était formée. Pékin n'a guère la physionomie d'une ville ; on dirait plutôt une sorte de pays bâti, un gigantesque village, un énorme baraquement. Les voies de communication sont très-larges, sans pavé d'aucune sorte ; on y trouve les ornières, les fondrières des routes de la campagne, avec la même boue quand il pleut et la même poussière quand il fait sec. S'enfonçant dans la boue ou bien, selon le temps qu'il fait, soulevant des flots de poussière, on voit circuler une foule de gens allant à cheval à leurs affaires, un grand nombre de petites charrettes faisant office de fiacres, de longues files de chameaux qui apportent les approvisionnements de la ville. Des deux côtés des rues sont des maisons basses, sans étage, construites en bois ou en briques plus ou moins cuites. On passe par des quartiers entiers en ruines ou déserts, et à chaque instant on trouve des espaces vides et des emplacements vacants couverts de débris.

Le chiffre de la population ne dépasse pas 600 000 habitants. Vue d'une élévation, la ville n'apparaît que comme une sorte de bois ou de forêt, tant les arbres plantés dans les cours et les jardins prédominent sur les maisons. Pékin ne ressemble donc en rien aux autres villes de Chine, et aussi n'a-t-elle point été faite pour être une ville chinoise. Pékin est une capitale militaire, choisie par les conquérants du pays; elle doit sa création aux Mongols, qui, s'étant rendus maîtres de la Chine, voulurent rapprocher sa capitale de la Mongolie pour assurer la sécurité de leur domination. A ce titre, la situation de Pékin a pu être bien choisie, mais ce n'est qu'à ce titre seul, car, pour tout le reste, la ville, bâtie au milieu d'une plaine aride et loin des grands cours d'eau, n'a point de raison d'être naturelle.

La fonction militaire de Pékin s'accuse par ses remparts, qui sont vraiment énormes et qui de tous côtés dominent la campagne. Ces remparts ont cinquante pieds de haut et en moyenne quarante d'épaisseur. Ils sont, de distance en distance, flanqués de contre-forts en forme de bastions; leurs grands angles et les portes dont ils sont percés sont surmontés de châteaux ou édifices à étages multiples et à toits relevés, de l'effet le plus pittoresque. Quand on approche de Pékin, la vue des murs est réellement imposante.

Les remparts de Pékin forment deux grands parallélogrammes juxtaposés, de telle sorte que Pékin se dédouble en deux villes distinctes ayant chacune leur système de remparts. Le parallélogramme du nord est ce que l'on appelle la ville tartare; celui du sud, la ville chinoise. Au centre de la ville tartare est un vaste espace entouré d'un grand mur de ronde. Dans cette enceinte se trouve le palais impérial avec ses jardins et dépendances. Nul Européen de nos jours n'y a encore eu accès[1], et ce n'est que de loin, du haut des remparts de la ville, qu'on peut apercevoir les toitures à briques jaunes des constructions impériales. La ville chinoise est la ville du commerce et des affaires, c'est aussi la ville des plaisirs et des théâtres, des restaurants et des boutiques.

1. Tout dernièrement les ambassadeurs européens viennent d'y être reçus en audience par l'empereur.

Les principaux monuments de Pékin sont des temples ; dans la ville chinoise, le temple du Ciel ; dans la ville tartare, celui de Confucius, et tout à côté le grand temple et le couvent des lamas. Mais les temples que renferme l'enceinte de Pékin ne forment que la moindre partie des constructions religieuses que l'on peut visiter d'ici. En dehors des murs, dans le voisinage de la ville, il s'en trouve de nouvelles, et dans les montagnes, qui, du côté du nord, sont assez rapprochées, on rencontre de nombreux temples et couvents bouddhiques, placés dans les situations les plus pittoresques, qui, comme grandeur architecturale et comme luxe de décoration, ne le cèdent en rien aux édifices même de Pékin.

Si l'on fait consister le mérite de l'architecture dans la justesse des proportions, l'équilibre des parties, l'harmonie de l'ensemble, il faut avouer que, la plupart du temps, les constructions chinoises, surtout les pagodes, laissent beaucoup à désirer. A Pékin et dans les environs, il est pourtant certains temples qui font exception. Au nombre des plus beaux parmi eux je placerai le grand temple des tombeaux des Mings. Comme toujours, c'est la toiture qui est la partie architecturale, et c'est la coupe de la charpente à coins relevés qui donne son caractère à l'ensemble; mais ici les lignes sont pures, les courbes gracieuses, et pour cette fois on peut se laisser aller à trouver dans un monument chinois de la légèreté et de la noblesse. Malheureusement tous ces édifices sont essentiellement périssables, étant construits en bois; quoique les plus vieux datent à peine de quelques siècles, ils sont déjà plus ou moins endommagés, et quelques-uns, comme ceux des tombeaux des Mings, assez mal entretenus, sont menacés d'une ruine prochaine.

Les tombeaux des Mings, où l'on trouve ce beau spécimen d'architecture chinoise, constituent dans leur ensemble une des plus belles choses à visiter auprès de Pékin. Les empereurs de la dynastie des Mings, après avoir transporté la capitale de leur empire de Nankin à Pékin, se choisirent dans les environs de Pékin, comme ils l'avaient fait dans ceux de Nankin, un lieu qu'ils pussent approprier pour leur sépulture. Ici ils ont fait choix d'une vallée s'enfonçant en entonnoir dans les montagnes. Chaque empereur a été mis à part, sous un tumulus, au milieu d'un bosquet séparé, avec une chapelle ou temple bouddhique comme appendice. Sur la route qui donne accès dans la vallée sont placés trois grands portiques sous lesquels on passait successivement; puis des deux côtés, faisant la haie, des statues colossales en pierre, représentant des hommes et des animaux.

Plus près de Pékin, nous rencontrons les ruines du palais d'été, brûlé par les Anglo-Français lors de la dernière guerre, et à côté le parc et la pagode de Ouan-shau-shan, détruite en même temps que le palais. Du sommet de la colline, sur laquelle était bâtie la pagode, la vue s'étend sur la plaine jusqu'à Pékin, qui apparaît dans le lointain. La campagne que l'on découvre ainsi est une plaine unie, assez triste d'aspect; elle n'est guère plantée que de cyprès, car la seule manière que les habitants de Pékin aient trouvée de jouir des alentours de leur ville, c'est d'y faire partout des cimetières.

VI

DOLANOR

Départ pour la Mongolie. — Préparatifs de voyage. — Les routes. — Les auberges. — La grande muraille à Kou-peï-Kau. — Jehol, résidence d'été de l'empereur. — Arrivée à Dolanor. — Coutumes locales. — Temples et couvents de lamas.

Avril 1872.

La merveille des environs de Pékin est la grande muraille. Nous avions combiné notre visite à la grande muraille avec un voyage en Mongolie, et, comme le tout devait nous prendre un mois, il nous a fallu parfaire une de ces organisations de voyage compliquées dont le trajet de Tien-Tsin à Pékin nous avait donné l'avant-goût. Dans les auberges chinoises, le voyageur européen ne trouve rien autre que le toit pour s'abriter; aussi faut-il tout porter avec soi, le lit pour se coucher, les vivres pour se nourrir. Nous avons donc commencé par remplir un certain nombre de petites charrettes de matelas, d'une batterie de cuisine, de provisions. Mais cette fois-ci, éclairés par l'expérience, nous nous sommes bien gardés de leur confier nos personnes à transporter, et c'est à cheval que nous faisons le voyage. En dehors des charretiers qui conduisent les attelages, il nous faut encore tout un personnel, des palefreniers, un marmiton, un interprète chinois, puis un interprète mongol.

Les Européens ne peuvent se mouvoir en Asie sans entraîner dans leur orbite tout un tourbillon d'Asiatiques. Quand, à l'étape de midi, nous nous arrêtons pour faire manger nos bêtes, ou le soir, lorsque nous faisons halte pour passer la nuit, nous remplissons toute la cour des auberges. Et alors quelle confusion ! Tout le monde crie, s'agite, se querelle ; mais c'est à qui agira le moins possible. Les charretiers, pour rien au monde, ne consentiraient à décharger les voitures ni à porter quoi que ce soit ; le marmiton, les palefreniers, les interprètes, sont chacun renfermés dans leur étroite spécialité ; les domestiques de l'auberge venus en addition se mettre à notre service ne paraissent aider à rien. On ne saurait imaginer le nombre de gens que nécessite la moindre besogne.

Nous faisons en moyenne quatre-vingts *li* par jour,

ce qui équivaut à trente-deux kilomètres. Avec les affreuses voies de communication du pays, on ne saurait aller plus vite. Les chemins sont partout plus mauvais que les plus mauvais chemins ruraux de France. Il est vrai qu'aux abords de Pékin on rencontre encore les tronçons des routes impériales, qui ont dû être autrefois pavées et entretenues; mais il y a longtemps qu'on en a perdu le souvenir, et aujourd'hui les routes impériales sont abandonnées pour la traverse et les champs, où l'on se fraye un passage du mieux que l'on peut.

Les auberges où nous nous arrêtons sont toutes construites sur le même plan; du jour au lendemain, c'est à croire qu'on n'a point changé de gîte. A l'entrée d'une cour, à côté de la porte cochère, se trouve un petit bâtiment séparé, où l'on sert à boire et à manger aux gens qui ne font que passer; c'est là comme le restaurant de l'hôtellerie. Des deux côtés de la cour sont des hangars pour les chevaux et les mulets. Au fond, faisant face à la porte cochère, une série de petites chambres destinées aux voyageurs, ouvrant sur le dehors et sans communication entre elles. Au milieu des petites chambres, il en est une généralement double ou plus spacieuse avec une porte plus grande, et par exception une table et deux chaises : c'est là le logement des hôtes d'importance, où l'on nous met. La table et les deux chaises constituent du reste tout notre mobilier, car autrement l'appartement n'a plus que les quatre murs et le *kang*.

Le *kang*, dans le nord de la Chine, tient lieu des lits inconnus ; c'est sur lui que la nuit on étend les matelas et les couvertures pour dormir. Il est formé par un côté de l'appartement, surélevé de deux pieds environ au-dessus du reste du sol. Par-dessous cette surélévation il y a un petit fourneau, et le tuyau du fourneau traverse dans toute sa largeur la partie surélevée. Le *kang*, par ce moyen, peut être chauffé pendant l'hiver. D'ailleurs les auberges chinoises sont affreusement sales ; il ne semble point qu'il y en ait de nouvellement construites, elles sont toutes plus ou moins vieilles et délabrées. En arrivant, pour se clore un peu, il faut presque toujours recoller les papiers qui tiennent lieu du vitrage, ou bien ajuster les huis détraqués de la porte. Mais en voyage on n'a point de soucis ; aussi, descendus de cheval et ayant dépêché un frugal dîner, nous nous endormons sur le *kang* d'un sommeil profond, sans même sentir la morsure des petites bêtes dont il est peuplé.

Au départ de Pékin, il y a deux grandes voies pour franchir les montagnes qui séparent la Chine de la Mongolie : l'une, dans la direction du nord-est, rencontre la grande muraille à Kou-peï-Kau ; l'autre, dans la direction du nord-ouest, la rencontre sur deux points différents — car de ce côté il y a une double muraille, — près de Nan-Kau d'abord, puis à Kalgan. Nous avions combiné notre voyage de façon à sortir de la Chine par Kou-peï-Kau et à y rentrer par Kalgan et Nan-Kau.

En trois jours nous sommes à Kou-peï-Kau. En arrivant, la grande muraille nous apparaît sur une vaste étendue ; nous la voyons, en forme de lacets, se dérouler le long des ravins, puis gravir les crêtes et s'y tenir, et alors les tours crénelées, bâties le long de la muraille, dentèlent le profil des montagnes. C'est d'un effet réellement pittoresque. On n'entre à Kou-peï-Kau, en venant de Pékin, qu'après avoir traversé plusieurs enceintes de forts et de places d'armes destinées à défendre la passe. Toutes ces fortifications, d'un style primitif, aujourd'hui ruinées ou percées de larges brèches, font assez bien l'effet d'un décor d'opéra. On a cependant conservé, dans le dernier mur, une porte à l'état d'entretien, de telle sorte qu'en la franchissant pour sortir de la Chine, on a encore l'illusion de sortir d'un lieu clos.

Deux jours de plus nous mènent à Jehol, où les empereurs de la Chine ont leur maison des champs. Comme à Pékin, les constructions impériales s'élevent au milieu d'un grand parc boisé dont l'accès est interdit. Si l'on en juge par l'aspect mesquin des dehors, on ne perd pas grand'chose à ne point visiter l'intérieur. A Jehol, on trouve de nombreux temples et lamaseries. Les deux principales lamaseries sont situées l'une près de l'autre, derrière le parc impérial. Elles se composent toutes les deux de différentes constructions entourées d'un mur de ronde. Dans l'une des enceintes, le principal monument est un grand temple du même style que les temples de Pékin; dans l'autre, le bâtiment du milieu est un gigantesque carré de maçonnerie sans toiture apparente, percé de nombreuses rangées de petites fenêtres indiquant autant d'étages. C'est là une construction d'un aspect assez extraordinaire, qu'on nous dit érigée sur le modèle d'un des couvents de

Lhassa au Thibet. Ces deux grandes lamaseries sont sous le patronage direct de l'empereur, et, comme pour le palais, l'accès en demeure interdit. Nous avons beau parlementer et offrir un certain poids de métal; l'appât de l'argent, si puissant en Chine, reste cette fois-ci inefficace, et nous devons nous contenter de la vue extérieure des lieux.

En quittant Jehol, nous nous dirigeons sur Dolanor. C'est un trajet qui nous prend six jours, tout le temps dans les montagnes. Le pays est très-pauvre; on ne voit que de misérables bourgades ou villages de boue. Nous n'avons point encore rencontré d'autres Mongols que ceux que nous croisons sur la route, venant de Dolanor ou y retournant. De la grande muraille à Jehol et de Jehol à Dolanor, la population est exclusivement composée de Chinois. Enfin, le sixième jour, après avoir gravi une dernière rampe, le pays change tout à coup d'aspect; nous venons de mettre le pied sur le grand plateau de Mongolie. A ce moment, un léger nuage de fumée nous désigne l'emplacement de Dolanor, caché dans un pli de terrain.

Dolanor, que les Chinois appellent Lamamiaau, est un des centres les plus importants de la Mongolie.

La ville est bâtie dans une plaine aride, entourée de collines de sable ; elle est formée de maisons dont les murs et la toiture sont recouverts d'un crépi d'argile mêlée avec de la paille hachée ; aussi ne se distingue-t-elle, sur le fond sablonneux du paysage, que par la tache d'un jaune un peu plus foncé qu'elle y fait. L'intérieur se compose de rues fort sales ; ces rues sont bordées de boutiques où l'on tient assortiment d'objets à l'usage des Mongols. La plupart des nombreux Mongols que l'on trouve en ville viennent de la campagne et ne sont là qu'en passant pour leurs affaires ou leurs achats. Le fond de la population urbaine se compose donc de marchands et d'ouvriers chinois. Cette population n'est du reste point fixe : c'est une colonie de gens venus de divers points de la Chine, sans amener de famille avec eux, et qui, aussitôt qu'ils ont fait plus ou moins fortune, retournent dans leur pays de naissance.

Le principal commerce de Dolanor est le commerce du bétail. Il y a ici une foire aux chevaux qui est comme permanente. On voit toute la journée arriver et partir de grands troupeaux de bœufs et de moutons. Tout en Mongolie est accessoire au maintien et à l'élevage des troupeaux, car tout découle de là. On en a une preuve curieuse en montant sur la pagode chinoise qui s'élève à une des extrémités de la ville. Du haut de la pagode, les toits des maisons apparaissent couverts soit de peaux de mouton, soit de combustible animal qu'on y met sécher.

En Mongolie, le bois et le charbon manquent absolument. A leurs lieu et place, on se sert pour le chauffage de la fiente des animaux, qu'on sèche à l'air avant de l'utiliser. Le matin, en allant du côté où se tient la foire aux chevaux, on rencontre des Mongols qui apportent au marché des bouses de vache ou de la crotte de mouton. Ce sont les seuls légumes que leur pays produise. La bouse de vache est le chauffage le plus recherché ; j'en ai un tas tout à côté de mon lit, au cas où il me prendrait envie de chauffer le *kang* sur lequel je couche. La crotte de mouton sert aux plus pauvres et aux usages domestiques. Dans les maisons, on peut voir un homme qui, de la main gauche, tient une petite pelle avec laquelle il jette constamment dans un fourneau du crottin de mouton, pendant que de la main droite il fait aller un soufflet qui active le feu. Il faut ménager le combustible ; le fourneau est disposé de façon que cet unique feu sert à faire bouillir la chaudière dans laquelle cuit la pitance commune, en même temps qu'il chauffe le *kang* sur lequel, la nuit, les habitants de la maison s'étendront côte à côte.

A Dolanor nous retrouvons de grandes lamaseries. A trois kilomètres de la ville il y a deux grands temples bouddhiques, et tout autour une agglomération de maisons où n'habitent que des lamas. On dirait de véritables villes de moines. Nous sommes ici plus heureux qu'à Jehol; toutes les portes s'ouvrent pour nous. Nous visitons le plus grand des deux temples; il est presque en tout semblable à ceux de Pékin et de ses environs. Puis, nous allons dans leurs maisons voir des lamas. Ils nous reçoivent de la façon la plus cordiale et nous versent force tasses de thé. La forme lamaïque du bouddhisme étant la religion des Mongols et non point des Chinois, tous ces lamas sont des Mongols. Ils vont la tête entièrement rasée, vêtus de robes jaunes. Pour leurs cérémonies, ils se recouvrent de grands manteaux flottants et mettent une indescriptible coiffure en pluche jaune qui, par la forme, se rapproche assez d'un casque. L'envie nous ayant pris d'acheter une de ces coiffures, un lama nous en apporte tout un assortiment. Nous en choisissons une qu'il nous cède pour un prix convenable, après avoir d'abord demandé une somme fabuleuse. Ils nous montrent leurs livres écrits en thibétain et nous font tourner leurs moulins à prière; puis ils soufflent dans les grandes trompettes de cuivre qui servent à leurs cérémonies et donnent un son semblable à celui de la conque marine. Malheureusement nous ne pouvons entamer avec eux la moindre conversation sérieuse sur leur religion, car nous savons depuis longtemps que faire transmettre des idées et des explications abstraites d'une langue asiatique dans une langue européenne par des interprètes indigènes, est une chose d'une impossibilité absolue.

VII

PÉKIN

Le steppe. — Les tentes mongoles. — Les Mongols. — Sandachiemba. — La grande muraille au-dessus de Kalgan. — La muraille intérieure. — La passe de Nan-Kau. — Rentrée à Pékin.

Avril 1872.

Dolanor était le point culminant de notre voyage, en en partant nous prenons la direction de Kalgan pour retourner à Pékin. Cette fois-ci, comme aspect physique des lieux et comme population, nous sommes en pleine Mongolie.

Qu'on se figure d'immenses plateaux dénudés, sans un arbre, sans un buisson. L'horizon est fermé par des collines ou petites montagnes arrondies, que l'on franchit à mesure qu'on passe d'un plateau à un autre. Dans la saison actuelle, l'herbe nouvelle n'a point encore poussé, la terre n'est recouverte que par l'herbe de l'année passée, que l'hiver a desséchée et jaunie. Quand le soleil vient à percer les nuages

et à éclairer les plateaux, cette terre, d'un aspect
âpre et encore fermée, prend une coloration d'un
léger jaune doré : c'est le steppe dans toute sa grandeur et sa monotonie. Les plateaux que nous parcourons sont situés à plusieurs milliers de pieds au-dessus du niveau de la mer. De là vient la rudesse
de leur climat. Voici la fin d'avril, mais rien encore
n'annonce le printemps. Le matin, quand nous nous
mettons en selle, il fait un froid des plus vifs, et
presque tous les jours le vent du nord se lève sec et
violent.

Nos étapes sont marquées chaque soir par de misérables villages, et des huttes de boue qui prennent
le titre d'auberge et nous servent d'abri. Autrement,
les habitants vivent sous la tente. De loin, ces tentes
apparaissent, disséminées par petits groupes de
quatre à cinq. Elles ont la forme arrondie d'une
meule de foin ou d'une ruche d'abeilles. Elles sont
faites d'un feutre gris très-épais. Pour résister aux
vents qui balayent le pays, elles sont solidement
fixées à un treillis de bois et de cordages entremêlés, ce qui leur constitue une sorte de légère
charpente ou de squelette. La porte regarde le soleil
et tourne le dos au grand ennemi, le vent du nord.

Ayant franchi cette porte en courbant l'échine, vous vous trouvez dans un petit intérieur, et vous êtes fort surpris de voir tout ce qu'un espace si restreint peut contenir et permettre de faire. On se croirait dans une chambre de navire. Autour de la chambre, contre les parois de feutre, sont rangés de petits coffres en bois peint dans lesquels les habitants renferment leurs vêtements; l'espace pour dormir est réservé de même contre les parois. Au milieu, dans un petit fourneau, brûle un feu de bouse de vache qui chauffe l'intérieur et sert à faire cuire les aliments. Au sommet de la tente, au-dessus du feu, une ouverture est ménagée par où s'échappe la fumée, et qui, la porte close, a encore pour destination de fournir l'air et la lumière.

Dans chaque tente est une petite chapelle bouddhiste devant laquelle la famille fait ses dévotions. Tous ces Mongols sont des bouddhistes très-fervents. Ce sont en outre les meilleures gens du monde. Nous sommes pour eux un objet de grande curiosité, car beaucoup d'entre eux n'ont jamais vu d'Européens. Ils nous accueillent le sourire sur les lèvres en nous saluant les premiers, comme des gens enchantés de la rencontre et désireux de lier connaissance. Les femmes, qui ont de grands pieds — ce qui fait tant de plaisir à voir quand on vient de Chine, — se mêlent aux hommes, et, contrairement encore à l'usage chinois, causent et rient librement avec eux. Hommes et femmes vont à peu près vêtus de la même manière, enveloppés d'une grande robe en peau de mouton, avec des bottes en gros cuir et un bonnet fourré. La coquetterie féminine ne trouve à s'exercer que dans l'arrangement des cheveux; mais aussi de ce côté se donne-t-elle carrière, et toutes les femmes ajoutent à leur coiffure de gros ornements et bijoux en argent. Les hommes sont presque toujours à cheval à surveiller les troupeaux de moutons, de bœufs et de chevaux qui constituent leur unique richesse. Le cheval mongol est solide et trapu, mais tout petit. Quand on voit ce petit cheval et ce paisible Mongol galoper après les troupeaux, on a bien de la peine à se figurer qu'on a réellement devant soi l'homme et le cheval qui ont formé les armées d'Attila et de Gengis-Khan.

Nous avons du reste un spécimen du type mongol dans la personne de Sandachiemba, l'un de nos interprètes. Les lecteurs du père Huc se rappelleront sans doute le jeune lama de ce nom, qu'il mène avec lui dans son voyage au Thibet et dont il raconte de si plaisantes aventures. Aujourd'hui Sandachiemba vit à Pékin ; c'est là que nous l'avons pris. Depuis le temps où il servait de compagnon au père Huc, Sandachiemba, qui se ressent des fatigues de nombreux voyages, a passablement vieilli ; il n'en est pas moins demeuré un homme de joyeuse humeur, ne dédaignant point de temps en temps les libations. Il est pour nous une source d'amusement continuel. Au physique et au moral, c'est un vrai Mongol ; ses traits sont accentués, sa moustache rude ; il porte longue robe et calotte de feutre gris. Il a peu d'idées, mais tient énormément à celles qu'il a, est rusé, quoique naïf, et, quand il se trouve dans une position embarrassante, sait se tirer d'affaire par un rire bonhomme qui désarme toute colère. Le père Huc, de lama qu'il était, l'a converti au catholicisme, et il y a longtemps qu'il ne porte plus la robe jaune du lama ; on n'en continue pas moins à l'appeler le lama, c'est le seul nom sous lequel on le connaisse au milieu de nous. Quand je dis que Sandachiemba nous sert d'interprète, je veux dire qu'il traduit à notre interprète chinois, du mongol en chinois, ce que celui-ci nous traduira ensuite du chinois en français.

C'est assez dire ce que peuvent être certaines conversations.

Le cinquième jour après notre départ de Dolanor, nous retrouvons la grande muraille au-dessus de Kalgan. L'immense plateau qui constitue la Mongolie manque ici tout d'un coup et se dérobe absolument sous les pieds, et quand on regarde la Chine, on l'aperçoit dans un bas, de même que du sommet d'une haute falaise on aperçoit la mer. La grande muraille, au point où nous la rencontrons, est bâtie sur le rebord même du plateau; elle est en ruine et ne forme plus qu'une sorte de bourrelet de débris; seules ses tours sont encore en partie debout.

Si l'on se place près des tours dans une position dominante, on a une vue des plus extraordinaires. D'un côté, on découvre la Mongolie avec ses plateaux vides, secs, âpres, sentant le froid; de l'autre, vers la Chine, on a sous les yeux des vallées avec de nombreux villages et des plaines cultivées, chauffées par un soleil bienfaisant. C'est comme si l'on passait en un instant de la contemplation des régions polaires à celle de la zone tempérée. On comprend ici quel est l'attrait qui a poussé les Mongols à quitter leur pays pour envahir la Chine : c'est l'attrait que

7.

partout les peuplades du Nord ressentent pour les pays du soleil.

Du point élevé où nous sommes placés, nous donnons un dernier regard à la Mongolie, puis nous nous mettons à descendre. En approchant de Kalgan, nous rencontrons de grands troupeaux de moutons qu'on conduit à Pékin ; nous croisons de nombreux Mongols qui rentrent dans leur pays chargés de marchandises, ou bien encore de longues files de chameaux portant du thé en Sibérie. Enfin nous entrons à Kalgan, et nous nous retrouvons en Chine.

C'est près de Cha-Tau, à trois jours sur la route de Pékin en venant de Kalgan, qu'on découvre la seconde grande muraille ou muraille intérieure. Cette seconde muraille a plusieurs centaines de kilomètres de long, elle se relie à la première par ses deux extrémités. Elle est de date plus moderne qu'elle, et lui a sans doute été adjointe comme renfort ou supplément. Après avoir passé le village de Cha-Tau, on gravit un col assez rude, et au sommet on trouve la muraille barrant le chemin. Elle est dans un bien meilleur état de conservation que celle de Kalgan et paraît avoir été construite beaucoup plus solidement ; ses créneaux sont encore intacts, son revêtement de pierres taillées encore en place. Quand on voit cette immense ligne de fortifications qui s'étend au sommet des montagnes, à perte de vue, on ne peut s'empêcher d'être frappé de la somme d'efforts que sa construction a dû coûter.

Du point où l'on franchit la seconde muraille, on descend directement à Nan-Kau, qui donne son nom à toute la passe. Le chemin que l'on suit est épouvantable, ce n'est qu'une succession de défilés et de précipices. Dans la passe de Nan-Kau, comme dans celle de Kou-peï-Kau, on rencontre toute une série de forteresses érigées comme autant de défenses accessoires du grand mur. On finit par se lasser de la vue de tant de remparts. On se sent surtout envahi de mépris pour cet empire chinois qui, avec ses centaines de millions d'habitants, n'a su demander qu'à une accumulation de murs sa protection contre les quelques millions de nomades qui parcourent la Mongolie. Comme si aucun empire à défaut d'hommes avait jamais été sauvé par des pierres ! Et voici justement qu'au milieu de la passe, avant d'arriver à Nan-Kau, nous rencontrons la trace du conquérant contre qui toutes ces pierres ont été si vainement entassées. C'est une arche voûtée, érigée par les empereurs mongols avec de grandes sculptures en bas-relief et une inscription en six langues.

A Nan-Kau, nous avons franchi les montagnes, et, pour rentrer à Pékin, nous n'avons plus qu'une journée de cheval à travers la plaine. Singulier résultat du contraste! cette plaine unie des environs de Pékin, qui nous avait paru si triste et si nue, maintenant que nous sortons de la Mongolie, nous fait l'effet d'un paysage charmant. Les pruniers sont en fleur, les saules plantés dans les villages sont couverts d'une tendre pousse, les cyprès des cimetières ont perdu leur air sombre. Tout pour nous est devenu souriant dans une campagne qui porte les marques de la vie et qui se ressent de la venue du printemps.

VIII

PÉKIN

Les boutiques de curiosités. — Nous collectionnons les bronzes chinois. — Antiquité des bronzes chinois. — Style nouveau introduit avec le bouddhisme.

Mai 1872.

Arrivant en Chine après avoir fait au Japon une collection de bronzes japonais, nous nous mettons de suite à collectionner les bronzes chinois. A Shanghaï, à Yang-Chau, nous avons déjà fait une récolte, mais nous trouvons que Pékin, pour les curiosités, est en Chine le grand marché que Yedo est au Japon.

A Pékin, les boutiques de curiosités sont nombreuses, particulièrement dans la ville chinoise, où elles occupent deux rues presque entières. Le commerce des curiosités, bronzes, porcelaines, jades, cloisonnés, est fait en Chine par des gens qui connaissent exactement l'âge, le style, la valeur des objets qu'ils possèdent. Lorsqu'une pièce rare paraît ici chez un marchand, elle est aussitôt connue de tous les amateurs. Quoiqu'il n'y ait point d'hôtel des ventes, les marchands savent fort bien mettre les amateurs en concurrence. Les amateurs chinois et le personnel des légations européennes, qui, dans son ennui, passe son temps à collectionner, se trouvent ainsi fort souvent rivaux. En ce moment, c'est, pour la porcelaine, une assiette sang de bœuf, et, pour les bronzes, une très-vieille cloche chargée d'inscriptions que les amateurs se disputent. Le marchand, dans les deux cas, est arrivé à obtenir des offres qui dépassent tout ce qu'on a encore payé les objets analogues.

À Pékin nous ne pouvons point opérer comme à Yedo, où nous achetions les bronzes par centaines et en bloc. Il nous faut acquérir les pièces le plus souvent une à une, après un long marchandage, et il faut toujours finir par les payer un prix élevé. Nous prenons d'abord dans les boutiques tout ce qu'elles contiennent, puis, en élevant successivement les prix, nous parvenons à nous faire apporter de chez des particuliers des pièces rares qui nous permettent de former une collection des plus complètes.

Arrivés en Chine, nous découvrons du reste, à la vue des vieux bronzes chinois dont nous faisons connaissance, qu'un certain nombre de vieilles pièces que que nous avions achetées au Japon et que nous avions d'abord crues japonaises se trouvent être chinoises. Cela s'explique quand on pense que les Japonais, avant de connaître l'Europe, prisaient par-dessus tout les choses venues de Chine.

La collection à Pékin exige une certaine somme de connaissances appropriées. Les objets se classent, selon leurs marques et leurs inscriptions, par dynasties et par les règnes des empereurs. Il faut donc se familiariser avec le nom des dynasties et des empereurs sous le règne desquels l'art a particulièrement fleuri. Pour la collection des bronzes en particulier, on doit se procurer certains livres qui traitent de la matière. Ces livres sont dans les mains des principaux marchands, ils leur servent comme de *vademecum*. Ce sont : le Pou-Kou-Tou, Figures d'un grand nombre d'antiquités, publié pour la première fois sous la dynastie des Soung, vers l'an 1200 de notre ère, et plusieurs fois réimprimé depuis; le Si-Tching-Kou-Kieng, Mémoire des antiquités de la pureté occidentale, qui est le catalogue raisonné de la collection de bronzes anciens, réunie par l'empereur Kieng-Long; enfin le Tsi-Kou-Tchaï, ouvrage plus récent dû à un vice-roi de Canton.

Les bronzes chinois remontent à la plus haute antiquité; ils commencent sous la dynastie des Chang, de 1700 à 1100 ans avant notre ère. Il n'y a point de doute à avoir sur leur authenticité; ils portent des inscriptions tracées en caractères presque hiéroglyphiques qui ont cessé d'être depuis longtemps en usage, mais dont les livres donnent la transcription en caractères modernes. Les vases de la dynastie des Chang, comme étant les plus anciens, sont les plus appréciés des connaisseurs. Nous parvenons à en réunir un certain nombre de formes caractéristiques.

Après les bronzes des Chang viennent ceux de la dynastie des Tcheou (de 1122 à 248 ans avant notre ère), de la dynastie des Tchin (de 248 à 206), de la dynastie des Han (de 206 ans avant notre ère à 220 ans après). Les bronzes de toutes ces dynasties comprennent des vases destinés aux sacrifices ou encore des vases honorifiques dont les empereurs faisaient cadeau à des généraux vainqueurs ou à des gouverneurs de province. Leurs inscriptions révèlent, en même temps que leur date, le nom du personnage qui les a fait faire ou bien auquel ils étaient destinés ; aussi ces vases sont-ils estimés des Chinois en raison du nombre de caractères qu'ils portent ; à égalité d'âge et de mérite de forme, de deux vases, celui qui aura les caractères les plus nombreux se payera de beaucoup le plus cher.

Les bronzes des dynasties que nous venons de mentionner représentent par leur forme et leur ornementation ce que l'on peut appeler la première période de l'art chinois, d'un art dont les sources, en supposant qu'il en ait eues au dehors, nous échappent encore. Mais avec le bouddhisme, dont l'introduction en Chine date du premier siècle après notre ère, nous voyons apparaître des formes et des motifs nouveaux ; comme ces derniers ne se rattachent point directement à ceux de la période précédente, nous devons en conclure que les bouddhistes, en introduisant en Chine leur religion, y ont en même temps introduit un art approprié.

La période la plus brillante de l'art bouddhique a été sous la dynastie des Mings, du XIVe au XVIe siècle de notre ère. La dynastie des Mings était une dynastie nationale succédant aux Mongols expulsés de Chine après une longue occupation du pays. L'ère de la dynastie des Mings, en même temps qu'elle a été une époque de rénovation politique, a donc été une époque de renaissance artistique. Après les bronzes des Mings, en se rapprochant de notre temps, on ne trouve plus que ceux de l'empereur Kieng-Long, contemporain de Louis XV, qui aient un style particulier. Ce que l'on fabrique aujourd'hui à Canton et ailleurs, principalement pour l'exportation, est dépourvu de toute espèce de style et n'est plus que de la pacotille.

IX.

PÉKIN

État politique et social de la Chine. — La démocratie. — L'omnipotence de l'empereur. — L'échelle administrative. — Causes de l'immobilité de la Chine. — Les lettrés et les examens. — Les livres classiques. — Le culte des ancêtres.

Mai 1872.

Quel est l'état social de la Chine? Que doit-on penser de son gouvernement et de son système politique?

L'état social de la Chine est démocratique; il n'y a ici aucune noblesse héréditaire, aucune classe à part revêtue de priviléges de naissance. Si l'on jette un regard sur la Chine, on n'y voit que des hommes aussi semblables entre eux qu'il est possible; c'est une mer d'hommes passés au même moule, façonnés de la même manière, sans castes, sans classes héréditaires, sans aristocratie. Si l'on considère ensuite cet immense agrégat au point de vue politique, et si l'on se demande quelle est sa part d'action dans le mécanisme gouvernemental, on ne trouve absolument rien; c'est qu'en effet il n'y a rien. Le peuple ici n'est la source d'aucun droit; directement ou indirectement, par lui-même ou par délégation, il n'a part aucune au maniement de la chose publique; rien ne vient de lui ou de son impulsion, qu'il s'agisse de législation, de gouvernement ou d'administration.

Par-dessus la poussière humaine, à une incommensurable hauteur, est l'empereur ou, comme les Chinois l'appellent, le *houanti*, et aussi bien c'est dans l'empereur que résident tous les droits et que sont concentrés tous les pouvoirs. L'empereur est suprême juge, législateur, administrateur. Seul il possède le sol. Il est en outre *pontifex maximus*, médiateur entre le ciel et la terre, aussi l'appelle-t-on Fils du ciel.

Auprès de l'empereur sont des conseils en assez grand nombre, avec des attributions et des fonctions diverses, mais ayant tous ceci en commun, qu'ils sont exclusivement composés d'hommes choisis et nommés par l'empereur, et que personne n'y entre ayant en lui-même, ou comme mandataire de qui que soit, un droit propre à y entrer. Puis vient, à tous les degrés de l'échelle et dans toutes les parties du pays, la multitude des mandarins. Il y a le vice-roi, qui a une délégation de pouvoirs des plus complètes, s'étendant généralement à deux provinces; au-dessous, le gouverneur même de la province; au-dessous de celui-ci, le *taoutaï*, qui administre une circonscription composée de plusieurs *fou;* au-dessous du *taoutaï*, le *chi-fou*, qui administre le *fou* ou circonscription formée de plusieurs *hien;* au-dessous du *chi-fou*, le *chi-hien*, qui administre le *hien*, c'est-à-dire la plus petite des circonscriptions territoriales; et enfin le *chi-hien* a sous ses ordres toute une série d'officiers inférieurs, policiers, recors, scribes, collecteurs d'impôt.

Toute l'action politique, administrative et judiciaire est dans les mains des mandarins, qui n'ont d'ordre à recevoir que de l'empereur et de compte à rendre qu'à lui. La population chinoise est ainsi tenue emprisonnée dans les mailles d'un immense filet administratif sous les pieds de l'empereur et dans les mains des mandarins, et, en face de ces puissances, elle n'a d'autre rôle que celui de tout accepter, et d'autre sort que celui de tout subir.

L'empire chinois est donc une de ces formes politiques où l'absolutisme le plus complet s'exerce dans une société démocratique, et, quand on l'étudie, on ne peut s'empêcher de reconnaître combien est grande cette vérité, si bien mise en lumière par Tocqueville, que la liberté et l'activité politiques sont plus nécessaires avec l'état social démocratique qu'avec tout autre. Quel est en effet le spectacle que présente la Chine? Celui d'une population inerte, subissant passivement son gouvernement et son administration sans leur prêter aide ou concours. Chaque homme reste enfermé à perpétuité dans la sphère des intérêts domestiques. Tout ce qui, dans les pays libres, rattache l'individu à ses semblables et à la patrie, manque absolument, et comme conséquence, tout ce qui s'appelle patriotisme, sentiment de l'honneur, vertus publiques, manque également.

Si la masse gouvernée despotiquement a les vices des populations tenues en servitude, ceux qui la gouvernent ont de leur côté les vices qu'engendre la possession d'un pouvoir sans contrôle. A tous les degrés de l'échelle administrative on trouve en

Chine la corruption et l'esprit de rapine. Comme règle, point de mobile élevé, nul souci du bien général ou de l'intérêt de l'État, mais la préoccupation de faire fortune et de s'agrandir personnellement, et, pour arriver à cette double fin, le recours à tous les moyens. Or, comme de la base au sommet l'échelle administrative est remplie de gens ayant le même esprit et les mêmes appétits, et ne subissant d'autre contrôle que celui qu'il leur plaît d'exercer les uns sur les autres, on comprend que le corps des gouvernants soit en son entier rapace et corrompu. Aussi les fruits que porte cette centralisation administrative chinoise sont-ils bien connus : une atonie générale du corps politique, un affaiblissement complet de la machine gouvernementale, nulle impulsion ni d'en haut ni d'en bas, l'empire sans force contre ses ennemis du dehors et du dedans, et alors l'immobilité devenant l'unique règle d'un gouvernement trop vieux pour se rajeunir et trop faible pour se transformer.

Être immobile au dedans et vis-à-vis du dehors, voilà en effet depuis des siècles en quoi se résument tous les efforts de la Chine, et en cela la Chine a réussi, si bien réussi qu'on peut dire que l'immobilité forme depuis longtemps son caractère distinctif. Mise en contraste avec le rapide mouvement de transformation de l'Europe, cette immobilité a paru un fait si extraordinaire qu'on a presque fini par le considérer comme inexplicable. On revient cependant de cette impression, si on l'a jamais eue, à mesure qu'on essaye de pénétrer dans la connaissance de la Chine. On en arrive alors à penser que l'immobilité, loin d'être une propriété absolue de l'esprit chinois, n'est due avant tout qu'à des particularités d'organisation qui, si elles s'étaient retrouvées chez d'autres peuples, auraient bien pu y produire un résultat analogue. Partant de ce point de vue, deux faits saillants de l'organisation chinoise, en dehors du mécanisme purement politique, semblent donner raison d'une manière suffisante de la fixité et de l'immobilité de la Chine : la mise à part par les examens d'une classe de lettrés dans laquelle on prend les fonctionnaires publics ; et le fond de la morale et de la philosophie, depuis longtemps régnantes, qui donne aux ancêtres vis-à-vis des enfants, c'est-à-dire aux générations passées vis-à-vis des nouvelles, une position qu'elles n'occupent nulle part ailleurs.

Et d'abord la première de ces causes. La Chine, nous l'avons vu, est une démocratie gouvernée, administrée, régie à tous les degrés par un corps de fonctionnaires indépendants de la masse populaire et soustraits à son contrôle. Ces fonctionnaires, comment les recrute-t-on? dans quel milieu sont-ils pris? On les recrute à l'examen, et ils sont pris parmi les lettrés. Or les lettrés parmi lesquels sont pris les fonctionnaires ne constituent pas une partie flottante de population, mêlée avec elle d'une manière indistincte, une foule faisant partie de la foule. Non, le lettré qui plus tard pourra entrer dans l'administration est lui-même d'abord trié et mis à part. A la suite de trois examens successifs au *hien*, au *fou* et à la capitale de la province, on confère un premier grade littéraire, celui de *sioutsaï*. C'est là ce qui fait le véritable lettré, l'homme sorti de la foule et mis à part. Le *sioutsaï* se présentera ensuite à un nouvel examen qui se tient tous les trois ans au chef-lieu de la province, pour obtenir s'il se peut un second grade, celui de *kioudjin*. C'est ce second grade qui qualifie pour devenir fonctionnaire, le gouvernement ne recrutant son personnel administratif que parmi les lettrés qui, gradués deux fois, ont atteint le degré de *kioudjin*. Il en résulte qu'en Chine il y a, travaillant pour les examens et revenant s'y présenter sans cesse, des hommes de tout âge, et on peut voir l'aïeul, le fils et le petit-fils, se rendre tous les trois comme *sioutsaï* à l'examen où l'on confère le grade de *kioudjin*.

Tout le travail des intelligences d'élite est donc dirigé dans un unique et étroit canal, celui qui conduit aux examens et y fait réussir. C'est que tout est là. Le pouvoir, la fortune, les honneurs pour les plus favorisés, qui passent à la solde de l'État et deviennent mandarins, et pour ceux qui, les places administratives occupées, restent à l'état de simples gradués *sioutsaï* ou *kioudjin*, un haut degré de considération personnelle et d'influence morale.

Qu'on se figure maintenant qu'en Chine il n'y a point de classe correspondante à celle que forment en Europe les hommes adonnés spécialement à la connaissance des lois, qu'il n'y a non plus rien qui corresponde à l'étude de nos sciences exactes, et que par conséquent, à côté des lettrés, il n'y a point de catégorie autre à faire sous le titre de légistes ou de savants, et l'on verra le rôle immense qui appartient aux lettrés, produit de l'examen officiel. Ils condensent en eux toute la vie intellectuelle, ils monopolisent la culture de l'esprit, et, même plus, eux seuls savent véritablement lire et écrire. Nous ne sommes pas ici, en effet, dans un pays d'écriture alphabétique, où un petit nombre de signes, s'arrangeant en syllabes, font de la lecture et de l'écriture des choses simplifiées; nous sommes dans un pays qui a un système d'écriture en partie idéographique et hiéroglyphique, où chaque mot est exprimé par un caractère particulier. Apprendre à lire consiste à se graver dans la mémoire plusieurs milliers de signes différents, équivalents chacun d'un mot différent, et écrire est l'opération de tracer tous ces signes à main levée dans leur infinie variété. Apprendre à lire et à écrire est ici une chose dont on ne voit jamais la fin; car, si l'on passe d'un livre à un autre ou d'un genre d'étude à un autre, on se trouve sans cesse en face de caractères nouveaux qu'il faut apprendre à connaître. Il en résulte qu'en dehors des hommes qui font de l'étude des lettres la grande affaire de la vie et qui se destinent aux examens, il n'y a point de culture littéraire sérieuse possible. La séparation qui existe ici entre les lettrés et ceux qui ne le sont pas est, de par la force des choses, plus grande qu'ailleurs, et le prestige des premiers s'en trouve accru d'autant.

Il faut en outre se rendre bien compte du genre d'étude suivi par les lettrés. Les lettrés chinois donnent pour assise à leurs connaissances l'étude assidue des classiques. Les livres classiques, qui ont pour eux l'autorité la plus haute qu'il soit possible d'acquérir, se divisent en deux parts : dans l'une, sont les cinq *King* ou cinq Classiques proprement dits; dans l'autre les quatre *Shou* ou quatre Livres. Les cinq *King* sont : le Yih ou livre des changements, composé par Ouan-Ouang 1150 ans avant Jésus-Christ; le Shou ou livre des documents historiques, dans lequel se trouve l'histoire de la Chine, de 2350 à 770 ans avant Jésus-Christ; le Shi ou livre des poésies, une des plus anciennes collections d'odes connues; le Liki ou recueil des rites, écrit par Chau-King sous l'inspiration des idées de Confucius, et le Tchoun-Tsiou ou le printemps et l'automne, chroniques historiques attribuées à Confucius et contenant l'histoire de la Chine, de 712 à environ 480 ans avant Jésus-Christ. Les quatre *Shou* sont l'œuvre de quatre philosophes : le premier est rempli des conversations de Confucius; le second est généralement attribué à Tsang-Sin, un de ses disciples ; le troisième est attribué à son petit-fils, et enfin le quatrième contient les ouvrages de Mencius. Ainsi toute cette littérature remonte à une époque antérieure à l'ère chrétienne, et Confucius, qui vivait de 551 à 478 avant Jésus-Christ, en est l'inspirateur par excellence.

Quand l'aspirant aux grades littéraires se croit suffisamment préparé par la fréquentation des classiques, il se présente aux examens et il est mis, en même temps que chacun de ses compétiteurs, dans une petite cellule. Là il reçoit, pour sujet de composition, des fragments de texte tirés des cinq Classiques ou des quatre Livres, sur lesquels il doit produire des commentaires ou amplifications d'une longueur minimum fixée, l'un des essais devant être écrit en vers. Voilà le fond de ce qu'on lui demande. Seul le lettré qui passe l'examen pour le grade de *kioudjin* est appelé, le dernier jour, à composer sur des sujets se rapportant à l'histoire, à la législation et à la géographie de la Chine.

Quand on passe en revue l'ordre de choses que nous venons d'exposer, on commence à s'expliquer l'immobilité de la Chine. On ne voit pas en effet d'où pourrait naître ici l'esprit de changement et par où des idées nouvelles pourraient s'infiltrer. La grande masse de la nation est tenue en dehors de l'étude sérieuse des lettres; ceux qui s'y consacrent sont une minorité triée, mise à part et d'essence absolument conservatrice, puisqu'elle est placée dans une position privilégiée et qu'elle a le monopole des honneurs et des emplois; en outre, cette minorité reste étrangère à toute éducation scientifique, au point de vue des connaissances positives, elle demeure dans un état d'enfance intellectuelle absolue, sa culture d'esprit est exclusivement littéraire, et elle s'est claquemurée dans une littérature primitive, composée de livres qui ont plus de deux mille ans. On peut bien penser qu'il n'y a point de peuple qui, ayant été conduit à une pareille organisation, ne restât condamné, comme la Chine, à ressasser perpétuellement les mêmes idées.

Voyons maintenant comment le degré de révérence, qui existe en Chine envers les générations passées, achève de tenir la société chinoise immobile sur elle-même.

C'est la philosophie de Confucius qui inspire les livres classiques objet de l'étude des lettrés. Confucius, en Chine, est le maître par excellence; son autorité, depuis plus de deux mille ans qu'elle s'exerce, non-seulement n'a jamais été contestée, mais elle n'a même jamais cessé d'aller en grandissant. Qu'une philosophie reste ainsi maîtresse de l'intelligence d'un peuple pendant un tel laps de temps, marque assez que pour ce peuple c'est ce qui vient du passé qui est le meilleur; mais on se convainc qu'il en est absolument ainsi quand on voit que Confucius n'a lui-même acquis son autorité qu'en se donnant comme l'interprète de l'esprit des anciens sages, ses devanciers. Dans les préceptes de la morale et de la philosophie de Confucius, les Chinois considèrent donc qu'ils vénèrent, comme le dépôt de la suprême sagesse, quelque chose qui ne date point seulement de Confucius, mais qui par delà lui découle des commencements mêmes de la Chine. Aussi, comme on peut aisément le supposer, l'idée de progrès est-elle une idée qui n'existe pas plus dans l'esprit des Chinois que le mot dans leur langage. Bien faire pour eux n'est pas chercher à faire mieux, transformer, essayer du nouveau; bien faire est conserver, tenir en état, demeurer dans la voie des ancêtres.

Après tout, si ce n'étaient là que des idées théoriques renfermées dans les livres, on pourrait penser que la société avec ses besoins de chaque jour trouverait moyen de se développer sans en tenir compte; mais loin de là, la théorie dans ce cas-ci gouverne absolument les faits, car la constitution particulière qu'a prise la famille est en concordance avec elle, et toute la pratique de la vie en a reçu ainsi comme son diapason.

Le Chinois qui pense en théorie que la sagesse est dans le passé, en pratique est dans un état de servitude morale complète vis-à-vis de ses ancêtres. Le Chinois rend un culte religieux à ses ancêtres. La chapelle des ancêtres se trouve dans la maison de presque tous les membres de la famille, mais, dans tous les cas, toujours dans celle du fils aîné. Au sein des familles riches, c'est un bâtiment séparé; chez les autres, une chambre à part, ou même, chez les plus pauvres, une simple niche ou étagère. Dans cette chapelle sont exposées les tablettes devant lesquelles se font les exercices du culte. Sur ces tablettes se trouvent gravés le nom de l'ancêtre et sa qualité avec la date de sa naissance et celle de sa mort. On brûle tous les jours devant elles de l'encens et des papiers en faisant un acte d'hommage, le tout forme une sorte de prière de famille. A certaines grandes occasions pour les familles, les tablettes sont honorées d'une manière particulière, et tous les ans, au commencement d'avril, il y a une grande fête en l'honneur des ancêtres, à laquelle prend part toute la population.

Le culte des ancêtres a donné lieu à des controverses théologiques célèbres. Les jésuites, à leur arrivée en Chine, avaient cru devoir le permettre à leurs convertis comme une chose innocente. Sur les réclamations des dominicains, qui vinrent après eux et qui prétendirent au contraire y voir un acte de véritable idolâtrie, la cour de Rome fut appelée à décider. Elle décida contre les jésuites. Au point de vue théologique, je ne saurais que dire; mais si je juge au point de vue social, les conséquences de pareilles pratiques ne me paraissent nullement douteuses. Si, pour le vivant, l'ancêtre devient un être devant lequel il faille quand même plier le genou, si l'ancêtre est en quelque sorte divinisé et si la mémoire ne l'évoque plus que pour en faire en tout le modèle, il me semble que les générations vivantes se trouvent forcément asservies aux générations écoulées, et qu'elles ne peuvent alors manquer de les suivre et de les imiter en tout, sans chercher à dévier de la voie qu'elles ont tracée. Et aussi bien en Chine est-ce absolument ce qui a lieu.

X

PÉKIN

Le degré de civilisation des Chinois. — Conception rudimentaire en politique et pour l'organisation de la famille. — État d'infériorité de la femme. — Différence dans l'intelligence européenne et l'intelligence chinoise. — Les Chinois manquent d'imagination — Leurs inventions surtout de l'ordre matériel.

Mai 1872.

La société et la civilisation chinoises, depuis le temps où elles nous ont été révélées, ont joui auprès de nous d'un grand prestige qu'elles conservent encore en partie. Les anciens voyageurs, les missionnaires jésuites ont fait de la Chine des tableaux qui avaient tellement frappé l'imagination que leur impression a persisté. Les voyageurs et les missionnaires sont assez naturellement portés à l'exagération ; pour la Chine, leurs récits étant acceptés sans contrôle, pendant longtemps on a vu en Europe les philosophes et les politiques disserter sur une Chine de convention, embellie à plaisir.

Cependant, de nos jours, la Chine a fini par être connue, les barrières qui nous en séparaient sont tombées. Sa langue, ses mœurs, ses institutions nous ont été expliquées dans tous leurs détails.

Étudiée sur les lieux, à l'aide des documents aujourd'hui amassés, la civilisation chinoise prend un tout autre aspect que celui qu'elle conserve de loin, le prestige s'évanouit, cette sorte de grandeur que tant de gens se sont plu à lui trouver ne se découvre nulle part. On se demande à quelle échelle les premiers Européens qui ont parlé de la Chine mesuraient la civilisation et la valeur des peuples pour avoir tracé les tableaux que nous avons d'eux. Il semble que, pour la Chine, le temps qu'elle a duré, l'espace qu'elle couvre sur le globe, le nombre de ses habitants soient des choses qui aient ébloui et qui aient suffi par elles-mêmes pour lui attirer l'estime et l'admiration ; mais si, dédaignant les éléments de ce genre, on prend pour point de départ du jugement à porter l'esprit des lois et des institutions, on sera conduit à de tout autres sentiments. La civilisation chinoise n'apparaîtra plus alors que comme une civilisation qui a vieilli sans atteindre de très-grands développements. Quel que soit le laps de temps qui sépare la Chine de ses commencements, on n'y retrouve pas moins, à peine modifiés, certains traits propres à l'enfance de tous les peuples, qui ailleurs sont devenus méconnaissables ou ont disparu sous des perfectionnements successifs. En parlant ainsi, ce ne sont point seulement les États modernes auxquels je prétends comparer la Chine ; on peut remonter dans l'antiquité jusqu'à la Grèce et Rome, et voir ces nations franchir, à partir de leur point de départ, des étapes de civilisation que la Chine arrivée jusqu'à nos jours n'a jamais pu atteindre.

Par exemple, en politique, les Chinois n'ont jamais conçu d'autre théorie du gouvernement que la théorie paternelle. La nature et le rôle de l'autorité sont pour eux identiques dans la famille et dans l'État. De même que dans la famille il y a un père investi par un fait de nature d'une autorité supérieure, de même dans l'État il doit y avoir un père, un maître exerçant spontanément un pouvoir antérieur à toute délégation et supérieur à tout contrôle ; c'est-à-dire que la théorie primitive du gouvernement paternel n'a jamais cédé la place en Chine à des conceptions politiques d'un ordre plus développé, comme cela s'est vu chez tant de peuples dès l'antiquité.

Le souverain qui règne sur la Chine est donc aujourd'hui dans le monde seul de son espèce. Le titre d'empereur sous lequel il est connu en Europe, mot à racine latine improprement appliqué, ne correspond à aucune des conceptions que les Chinois se font de lui. Le souverain de la Chine est appelé par ses sujets *houanti*, et le *houanti* n'a point d'égal dans nos civilisations de date moderne; il n'a pour équivalent que les monarques de l'ancienne Assyrie et de l'ancienne Perse. Comme pour eux, tous les hommes indistinctement ne sont, pour lui, que la boue d'un même limon; comme eux il est aux lieu et place du ciel sur la terre, la source de tout droit et de toute justice; comme eux enfin il passe sa vie au fond d'un palais, invisible à ses sujets; les Chinois se prosternent encore à ses pieds dans la posture que les bas-reliefs de Ninive donnent aux Assyriens devant Sennachérib.

Si la société chinoise n'a pas su perfectionner sa théorie politique, la même chose lui est arrivée pour les conceptions qui ont trait à la famille. La plupart des anciens peuples ont rendu aux ancêtres un culte de nature religieuse. Chez les antiques populations latines, en particulier, on voit les ancêtres recevoir un culte fervent, à l'égal des divinités du foyer. La religion des ancêtres apparaît aussi comme une forme religieuse de la primitive humanité, et en effet, à mesure que dans le monde européen les conceptions s'agrandissent, cette religion cesse d'exister et le respect pour les morts prend une forme nouvelle. Mais non point en Chine. Si en Chine la vénération et le culte des ancêtres exercent aux origines un empire absolu sur l'esprit chinois, cet empire ils le possèdent encore aujourd'hui.

Il semble naturel que le père de famille jouisse de son vivant d'une autorité très-grande, chez les peuples où il est honoré d'un culte après la mort. Aussi voyons-nous en même temps dans l'ancienne Rome et en Chine le père exercer dans la famille un pouvoir sans limites. Mais tandis qu'à Rome le progrès du droit romain vient limiter l'autorité du père sur les enfants, en Chine rien de pareil n'a lieu. Dans la Chine agrandie et vieillie, le père conserve tout droit sur ses enfants, ils sont sa chose, il peut les vendre; tant que le père vit, le fils n'est jamais majeur, dans la famille chinoise personne n'a de droits en face du père.

Une autre pierre de touche pour juger le degré de civilisation d'un peuple est la condition de la femme dans son sein; or en Chine cette condition est à tous égards demeurée inférieure. La femme chinoise ne prend aucune part à l'activité de la vie extérieure; la libre communication entre les personnes des deux sexes, qui fait qu'en Europe la vie du monde, les plaisirs, les exercices du culte leur sont communs, est ici chose inconnue : les deux sexes vivent séparés, la femme reste à la maison, dans l'ombre, tenue cachée. La femme n'existe ici en face de l'homme qu'à l'état d'être soumis. La jeune fille qui devient épouse passe de sa famille dans celle du mari sans que sa volonté ait à intervenir, elle est cédée ou vendue par le père au mari, sans droit à être consultée, sans recours aucun. Mariée, si comme épouse légitime elle ne peut voir une seconde femme occuper dans la maison un rang absolument égal au sien, elle n'a cependant point conquis le droit d'être l'unique compagne du mari, qui pourra prendre, ouvertement et à son choix, une ou plusieurs concubines s'il est de condition commune, et un nombre infini s'il est le souverain. Ajoutez enfin que, parmi toutes les marques de servitude infligées en tant de lieux à la femme, il n'en est point qui dépassent en horreur celle qu'elle subit en Chine par la déformation des pieds. La femme chinoise avec ses petits pieds est un être mutilé et rendu infirme pour donner satisfaction aux goûts de l'homme ou aider à ses plaisirs.

Si maintenant, nous plaçant sur le terrain de la littérature, nous cherchions à vérifier l'opinion que nous nous sommes formée de la Chine en étudiant ses institutions, nous verrions que l'esprit chinois n'a guère dépassé les premières étapes de la grande culture intellectuelle, et que les assises sur lesquelles reposent les conceptions philosophiques, politiques et scientifiques d'un ordre élevé n'ont même jamais été posées par lui. Mais alors naît un problème plus étendu. Il ne s'agit plus seulement de mesurer le degré de développement atteint par l'intelligence chinoise, mais de reconnaître quelle est en soi sa valeur même. Le Chinois a-t-il les mêmes facultés que l'Européen? L'homme de race jaune a-t-il la même nature d'esprit que l'homme de race blanche, ou bien diffère-t-il de lui profondément?

Pour répondre à cette question nous rechercherons, par comparaison avec les œuvres de notre race, s'il s'accuse des différences dans celles de l'intelligence chinoise et, s'il en est ainsi, de quelle nature elles sont. Or à première vue des différences apparaissent profondes. C'est ainsi qu'on ne trouve rien aux origines de la Chine qui corresponde aux hymnes védiques, aux grandes épopées de l'Inde, ou au cycle des poëmes épiques de la Grèce. Mais la poésie primitive n'est pas seule à manquer à la Chine, celle de nature réfléchie des temps postérieurs lui fait également défaut. On peut donc dire que sinon les productions écrites en vers, du moins la grande poésie, manifestation d'une imagination débordante et d'une intelligence ailée, lui est restée inconnue.

Dans le domaine de l'art, la grande invention manque également. L'art chinois a toujours été réaliste. On ne voit point que l'artiste ait ici la puissance de transformer les impressions et les images perçues, pour leur donner une forme supérieure, création de son propre génie.

Dans une autre sphère, où il semble que les facultés de l'imagination aient particulièrement à intervenir, dans celle de la religion et de la métaphysique, on ne trouve que créations embryonnaires ou qu'avortements. Déjà nous avons vu que la Chine en est restée avec le culte des ancêtres à une forme religieuse tout à fait rudimentaire. La Chine n'a pas produit de religion. Le bouddhisme lui est venu de l'Inde. Elle n'a pas non plus produit de métaphysique. Que si l'on veut absolument trouver des créations métaphysiques en Chine, les œuvres de Lao-Tseu seront données comme telles; or la comparaison qu'on en fera avec les œuvres métaphysiques de l'Inde et de la Grèce ancienne accusera tout de suite l'infériorité chinoise sur ce terrain.

On peut donc se croire autorisé à conclure que le Chinois manque en partie de ce qu'on désigne par le mot imagination. C'est par ce côté surtout qu'il apparaît inférieur à l'Européen et qu'en face de lui il offre une lacune. S'il en est ainsi, on ne saurait admettre que la puissance de l'intelligence et l'étendue de la pensée soient égales chez le Chinois et chez l'Européen. On a dit que le génie est un composé de jugement et d'imagination, et on ne conçoit pas en effet que l'on puisse mettre au premier rang des intelligences celles qui sont dépourvues des côtés correspondant à l'idéalisation et à la passion. Partant de ce point de vue, nous comprendrons pourquoi la Chine est sur tant de points demeurée inférieure ou en arrière; nous nous expliquerons comment elle a pu rester sans poésie, sans religion, sans idéal; comment elle est le pays du terre à terre, n'ayant jamais connu l'enthousiasme, et pour le bien comme pour le mal resté étranger aux grandes impulsions, car ce sont là les vrais traits de la Chine. L'humanité en Chine ressemble à ces fleurs qui manquent de parfum et qui de ce fait sont incomplètes. La Chine manque comme de parfum, elle est sans charme et n'exerce que peu d'attrait.

La grandeur de la Chine a donc été dans ses créations de l'ordre matériel. Quoique aujourd'hui la Chine tombe en ruines de toutes parts et que, par comparaison avec les États de l'Europe, elle soit dans un état de pauvreté et d'impuissance absolue, on n'en doit pas moins penser qu'à l'époque de sa force elle ne dût présenter le spectacle d'une véritable prospérité matérielle. Ses routes, ses canaux, ses grandes villes murées n'avaient peut-être rien de comparable dans l'Europe du moyen âge. La boussole, la poudre à canon, l'imprimerie, la soie, la porcelaine, le thé sont des choses que nous n'avons inventées qu'après elle, ou que nous n'avons eues qu'en les lui prenant. Mais en dehors de la sphère des productions matérielles, il est impossible de découvrir à la Chine de véritable grandeur, et si dans ces derniers siècles l'Europe s'est approprié certaines de ses inventions, dans l'ordre moral, à aucun moment, elle n'a trouvé à lui emprunter soit une idée, soit un exemple.

XI

CANTON

Impression que produit Canton. — Les Chinois travailleurs infatigables. — Costume simplifié des Cantonnais. — Multitude des bateaux. — Macao et Hong-Kong. — Les rapports entre les Européens et les Chinois.

Juin 1872.

Canton est sous les tropiques, et la vie chinoise y prend l'aspect que comporte le climat. Canton produit, à qui vient du nord de la Chine, une impression analogue à celle qu'on ressent en Europe en voyant Naples; la vie est plus bruyante que dans le nord et se passe presque tout entière en plein air; tout est d'un coloris plus vif, plus éclatant. A Canton, les rues sont plus étroites que dans les villes que nous connaissons déjà, les boutiques plus ouvertes, les enseignes plus bariolées, les gens sont plus gais, plus vifs, plus alertes, mais autrement Canton ressemble aux autres villes de la Chine et les

Chinois qui l'habitent sont les mêmes qui peuplent toute la Chine.

Canton est une ruche en travail où se fabriquent et se vendent tous les objets connus de la Chine. Les métiers et les genres de commerce y sont rangés par quartiers et par rues, comme dans les villes du moyen âge européen : rue des éventaillistes, des parfumeurs, des libraires, des batteurs d'or, des faiseurs de chaussures, des brodeurs, des marchands de curiosités, et ainsi de suite à l'infini. On s'explique la force d'expansion des Chinois en voyant l'activité des ouvriers de Canton. Les Chinois se montrent en tout lieu des travailleurs infatigables, et je m'imagine, avec la chaleur humide qu'il fait ici, combien pénible doit être un travail continu, à juger par l'effort qu'il me faut faire seulement pour prendre la plume et pour tracer quelques lignes sur le papier.

Il est vrai que nous commençons à être au milieu de gens qui réduisent leur costume à la plus simple expression. Un large pantalon sert d'unique vêtement à la plus grande partie de la population. Les bourgeois et les hommes du peuple, allant par la rue à leurs affaires, portent par-dessus une sorte de chemise flottante. Autrement les gens au repos dans la maison ou les marchands attendant le chaland n'ajoutent au pantalon que l'éventail qu'ils ont à la main pour se rafraîchir. C'est plaisir que de voir avec quelle superbe les marchands, du fond de leur boutique, étalent aux yeux leur torse nu bien nourri et leur ventre gros et gras. Le type du poussah et du magot à la panse débordante et à la face épanouie n'est point sorti du rêve ou de l'imagination; pour le trouver, l'artiste chinois n'a eu qu'à se placer en face du premier boutiquier de Canton venu, assis l'été à son comptoir.

Canton se dédouble comme en deux parts : la ville de terre et la ville du fleuve. Les Chinois, à Canton, ont trouvé moyen de résider aussi bien sur l'eau que sur la terre ferme. Un peuple entier vit et pullule dans des bateaux de toute forme. Il y a le grand bateau à fleurs, sédentaire et immobile, qui sert de café et de restaurant et sur lequel on voit le soir de joyeux compagnons souper au son de la musique et en compagnie féminine; puis vient le bateau de luxe de moindre dimension, pour les promenades sur le fleuve. Il y a encore les grandes jonques avec château à l'arrière, employées pour les voyages dans les rivières voisines de Canton. A côté des grandes jonques, glissent les pirogues destinées aux transports maraîchers et à la pêche du fretin de rivière.

Mais de beaucoup les plus nombreux sont les vulgaires *sampangs*, à l'aide desquels on passe d'une rive à l'autre. Le mouvement entre les deux rives sur lesquelles sont bâtis Canton et son faubourg Hou-Nan est très-grand et le nombre de bateaux de passage constamment en mouvement proportionnel. Ces *sampangs* tout petits, dans lesquels quatre à cinq passagers au plus peuvent s'asseoir, n'en servent pas moins de demeure à toute une famille; c'est cette famille qui vous fait passer la rivière. Le bateau peut être indistinctement conduit par l'homme ou la femme, mais plus généralement cependant il l'est par la femme. Tantôt c'est une vieille qui godille à l'arrière pendant que les demoiselles ses filles rament sur l'avant ; tantôt c'est une jeune mère ayant, attaché dans le dos, son nourrisson profondément endormi. Les opérations du ménage, qui a sa demeure dans le bateau, vont tout le temps leur train. On donne la picorée aux poulets que l'on élève, on épluche les légumes, on cuit le riz pour le repas du soir. En passant et repassant la rivière, on est fort égayé par l'équipage qui vous conduit.

Canton a été longtemps le seul trait d'union qui existât entre l'Europe et la Chine. C'est dans la rivière de Canton que, pendant ces derniers siècles, les marchands européens envoyaient leurs navires; c'est à l'embouchure de la même rivière que les Européens ont fait leurs premiers établissements et planté leurs premières colonies sur le sol chinois. Les Portugais, venus les premiers, y possèdent depuis longtemps Macao; les Anglais s'y sont en dernier lieu établis à Hong-Kong.

Le trajet de Macao à Hong-Kong ne prend que trois heures; mais dans ces trois heures on passe d'un type de civilisation antique et arriéré au type le plus nouveau et le plus perfectionné. A Macao, tout est tranquille et semble dormir; c'est la petite ville de province. Le port sans profondeur, où il n'entre que des barques, les vieux forts, les pittoresques églises, les maisons badigeonnées de couleurs voyantes et ornementées à la mode des derniers siècles, rappellent ces villes du midi de l'Europe pour lesquelles les grandes transformations de ce siècle n'existent point et n'existeront peut-être jamais. A Hong-Kong, au contraire, tout est jeune et nouveau, tout est bâti sur les plans les plus perfectionnés et conçu dans le sens du plus grand mouvement. L'île de Hong-Kong n'est à proprement parler qu'une montagne à pic sortant de la mer. Pour y trouver la place d'une ville, il a fallu accrocher les maisons au flanc même de la montagne, en les étageant les unes par-dessus les autres; mais, entre la montagne de Hong-Kong et celles de la terre ferme, la mer a formé un des plus beaux ports du monde, dans lequel les navires de toutes les nations viennent jeter l'ancre. Aussi aucun genre d'obstacles n'a-t-il pu arrêter l'essor de la colonie.

Macao et Hong-Kong sont comme les deux points solides où les Européens se sont établis pour exploiter la Chine, et malheureusement ils l'exploitent de toutes sortes de manières. Macao est depuis des années le centre du commerce des coulies. Les horreurs qui ont marqué le voyage d'un grand nombre de navires ayant à bord des coulies, la proportion de coulies passagers qui meurent pendant les traversées, l'esclavage déguisé qui attend les travailleurs chinois à la Havane et au Pérou où on les conduit, tout contribue à donner à ce commerce de grands traits de ressemblance avec l'ancienne traite des nègres. Ce trafic de chair humaine ne se fait qu'à Macao ; à Hong-Kong il est interdit. Mais si les Anglais se sont fait scrupule de prendre part à la traite des Chinois, ils ne se sont jamais fait le moindre scrupule de les empoisonner en leur apportant de l'opium, et d'aller même jusqu'à leur faire la guerre pour leur imposer le poison. Quelque triste que cela soit, on est ainsi forcé de reconnaître que les rapports qui existent ici entre Européens et Chinois ont surtout conduit à la mise en commun de leurs vices.

III

JAVA

I

BATAVIA

Arrivée à Batavia. — Les Hollandais et les indigènes. — La ville neuve. — Le musée.

Juin 1872.

En débarquant à Java, nous nous trouvons pour la première fois en Asie, dans un pays que l'Européen a complétement soumis à sa domination, et où il s'est implanté à l'état de maître et seigneur. L'Européen en face de l'Asiatique prend définitivement ici le rôle supérieur. Le climat vient encore s'ajouter aux causes qui ailleurs différencient déjà si profondément la manière d'être des deux hommes. Dans la région de l'équateur, l'Européen est une plante délicate, un produit exotique; seul et abandonné à lui-même, il ne pourrait point vivre, le travail lui serait mortel. L'existence de l'Européen devient ainsi artificielle et dépend de l'existence préalable d'une race indigène. Le monde humain, à Java, est donc divisé en deux parts : une fourmilière d'indigènes qui travaillent et produisent de leurs mains, et, superposée à cette multitude, une poignée de Hollandais qui forme une humanité perfectionnée, possédant le commandement et représentant l'intelligence.

La ville de Batavia est ici le grand centre de l'activité européenne. Elle est à la fois la capitale politique et commerciale non-seulement de Java, mais de toutes les Indes néerlandaises. Les Hollandais en 1619 avaient fait choix pour son emplacement d'un lieu bas et marécageux, à l'embouchure d'une rivière. Là ils avaient ramassé leurs maisons le long de rues assez étroites et, continuant les errements de la mère patrie, ils avaient creusé des canaux pour barboter tout à leur aise. Mais Java n'est pas la Hollande, et le Batavia ainsi fondé devint un foyer pestilentiel où l'on était décimé par les maladies.

De nos jours, l'ancien Batavia a été délaissé, ses maisons ne servent plus que de magasins et de comptoirs, une ville nouvelle s'est élevée. Celle-ci s'étend dans les terres pleines d'air, d'espace et d'ombre ; une végétation luxuriante s'y étale de tous côtés ; ses rues, ombragées par le feuillage d'arbres magnifiques, ont l'air de routes tracées dans une forêt des tropiques ; ses maisons, avec portique ou colonnade placées en retrait au milieu de jardins, brillent de toute la propreté hollandaise. L'Européen vit dans ces vastes demeures avec chevaux, voitures et toute une nuée de domestiques ; marcher est ici inconnu, et étendre seulement la main pour prendre quoi que ce soit est absolument hors d'usage.

Les habitants de Batavia sont singulièrement hospitaliers. Nulle part on ne trouve de gens plus empressés pour les étrangers. Batavia date déjà de loin et l'on y rencontre une société assise et policée. Les fonctionnaires et des administrateurs d'un ordre élevé y donnent le ton. Au sein du petit monde ainsi formé, l'âpreté au gain n'est plus l'unique mobile des moindres actes de la vie. Cela repose un instant de ces villes d'Asie qui de nos jours ont poussé comme des champignons sous l'influence européenne et où des gens de toutes les races se sont abattus pour faire fortune à la hâte, n'importe comment. Il est vrai par contre qu'il règne dans les habitudes un sans-façon et un oubli du décorum tout à fait coloniaux. Les dames et les messieurs se laissent aller à l'envi à l'abus du déshabillé et du léger costume malais. Mais ils vous diront qu'il fait si chaud !

Et puis, on découvre à Batavia comme la trace d'un souci des choses d'art. Il y a un musée avec une collection des antiquités de Java et des îles voisines, sculptures, bronzes, bijoux, monnaies. Cela est complet et donne une excellente idée des développements qu'à une certaine époque les arts avaient pris à Java.

II

BANDONG

Départ pour l'intérieur. — Buitenzorg. — Bandong. — Le régent de Bandong et ses danseuses. — Culture du thé et du quinquina. La campagne javanaise. — Ascension du Telagabodas.

Juillet 1872.

Il n'y a encore à Java que deux tronçons de chemin de fer, mais il y a presque partout des grandes routes et, pour voyager à l'intérieur, on va en poste avec les relais établis par le gouvernement. Nous quittons Batavia dans une berline qui, chassée d'Angleterre par les chemins de fer, est venue finir ici. Selon les relais, nous avons quatre à six chevaux avec cocher sur le siége et, d'après la coutume javanaise, deux piqueurs sur un marche-pied par derrière. Cocher et piqueurs font un tel bruit de cliquetis de fouet et de cris, qu'ils mettent dès l'abord nos petits chevaux javanais ventre à terre et les y maintiennent tout le temps. Jamais les beaux jours de nos malles-poste n'ont connu de plus belle vitesse. Cependant nous allons partout trouver des montagnes, alors on attellera quatre, six, jusqu'à douze buffles devant nos chevaux, et, passés d'une vitesse vertigineuse au pas le plus tranquille, nous franchirons les pentes des cols les plus élevés.

De Batavia à Buitenzorg c'est l'affaire de quelques heures. A Buitenzorg habite le gouverneur général des Indes néerlandaises, dans une maison bâtie au milieu d'un jardin botanique célèbre. Le jardin mérite sans doute sa célébrité, mais j'avoue que, pour ma part, il m'a laissé assez froid. Il est rempli de palmiers, de bambous, de grandes fougères, c'est-à-dire d'à peu près les mêmes arbres qui poussent libres dans les champs javanais, et alors il vaut autant sortir tout de suite du jardin pour se jeter dans la campagne, qui est ici merveilleuse. Autour de Buitenzorg, l'horizon est fermé par deux volcans éteints; le Gedeck et le Slamat, et les ondulations que fait le terrain, en remontant de la plaine jusqu'à leurs crêtes, étalent aux yeux un amphithéâtre de cultures, d'arbres, de bois d'une puissance de végétation telle, qu'avant d'avoir vu Java on ne saurait la rêver.

Nous quittons Buitenzorg et arrivons, au bout de quelques postes, au pied du mont Mogamendoung. La montagne franchie à grand renfort de buffles, nous nous trouvons dans la résidence des Préanger, la plus grande de l'île. Nous traversons Tandjour et nous arrêtons à Bandong, la ville chef-lieu, qui a l'honneur de posséder le résident hollandais et, par-dessous lui, un régent indigène.

Le régent de Bandong est un de ces princes que les Hollandais, sans les supprimer tout à fait, annihilent chaque jour davantage. Autrefois ses ancêtres possédaient la souveraineté sur une partie du territoire des Préanger; depuis longtemps, la souveraineté était passée aux mains des Hollandais. Ceux-ci avaient cependant laissé aux anciens princes et à leurs descendants le droit de lever et de s'appliquer l'impôt en nature sur les terres cultivées en riz. Mais dernièrement, faisant un pas de plus, ils ont arrêté avec le régent actuel de nouvelles conventions par lesquelles il leur abandonne sa prérogative à la levée de l'impôt, en échange d'une rente annuelle. Le régent de Bandong, quoique aujourd'hui réduit à n'être plus qu'un fonctionnaire dans l'engrenage administratif des Hollandais, n'en demeure pas moins un très-grand personnage pour ce pays-ci. Il habite, au milieu de Bandong, de vastes constructions donnant sur une place plantée d'arbres magnifiques. Le régent Wira-Nata-Kousouma est un homme d'une cinquantaine d'années, d'une politesse et d'une courtoisie parfaites. Il est vêtu à la javanaise, avec un mouchoir de couleur noué sur la tête, un petit gilet noir boutonné au corps, et un *sarong* attaché autour des reins. Le seul luxe de sa personne est le *kriss* qu'il porte au côté, et qui est généralement une arme d'un grand prix. Étant allés lui faire visite, il nous invite à passer chez lui la soirée.

Les princes javanais ont coutume d'entretenir dans leur maison des danseuses à eux, des *shrimpi* et des musiciens. Les danseuses du régent de Bandong sont particulièrement célèbres à Java. Elles ont hérité par tradition, dans sa famille, d'un costume et d'une danse qui leur sont tout à fait propres. Nous nous rendons le soir chez le régent. Il nous reçoit dans une vaste salle. On s'assied. Des serviteurs offrent du thé et des cigares. A nos pieds, ayant à la main une mèche allumée, prêt à donner du feu, se tient le nain favori du régent, un petit homme fort drôle, presque microscopique. Sur un signe du régent, les musiciens, placés en dehors de la salle, devant les portes restées ouvertes, commencent à jouer; puis arrivent les danseuses. Elles sont vêtues dans l'antique costume du pays. Leur coiffure est ornée de lames d'or qui se recourbent sur le sommet de la tête en forme de cimier. Elles ont aux bras et aux poignets des bracelets d'or; sur la poitrine, retenue par une chaîne, une plaque de même métal en forme de croissant. Par-dessus le jupon étroit, de couleur brune, qui leur tombe jusqu'aux pieds, elles portent un justaucorps écarlate qui serre les seins et la taille en laissant nus le haut du corps, les bras et les épaules. Leur ceinture se prolonge de chaque côté en une longue banderole qu'en dansant elles prennent de temps à autre à la main, et dont elles se servent alors comme d'écharpe pour accompagner leurs gestes ou marquer leurs poses.

Les danseuses, au nombre de quatre, se présentent à la fois et comme en partie liée; leur danse a bien en effet un caractère particulier. C'est une danse de style sobre et sévère, quoique très-gracieuse et très-féminine; c'est même plus que cela, c'est quelque chose d'épique. L'orchestre s'étant mis à jouer un air qui simule les péripéties d'un combat, et le chœur ayant entonné les vers appropriés d'un vieux poëme épique, les danseuses, qui ont pris à la main un arc et des flèches, dansent la bataille et miment le combat. Tout d'un coup elle s'arrêtent, et le chœur, qui seul alors continue, pleure les héros tombés et se lamente sur les morts.

Le régent, qui voit le plaisir que nous cause l'art délicat de ses danseuses, cherche encore à en rehausser l'éclat par le contraste, en faisant venir des *ronggens*. Ces *ronggens* sont des bayadères à la disposition du public, que chacun peut faire venir chez soi pour de l'argent. Elles sont vêtues d'une façon très-ordinaire. Ce sont pour le moins autant des chanteuses que des danseuses, car elles chantent en même temps qu'elles dansent. Leur principal mérite paraît même consister dans leur chant, qui est en partie improvisé, et émaillé de saillies, de brocards, de propos très-libres, toutes choses naturellement perdues pour des étrangers.

Les danses et la musique se prolongent chez le régent jusqu'au milieu de la nuit, et lorsque nous nous retirons et qu'il nous accompagne, la lune éclaire la foule, qui a envahi les cours et qui du dehors cherche à prendre sa part de la fête. Cependant, dès que le régent paraît sur le seuil de sa porte, toute cette foule tombe à genoux et reste à terre devant lui. Cet incident de la fin d'une fête me semble résumer toute l'histoire de l'Asie. D'éternels sultans et d'éternels rajahs qui, en échange de l'or qu'ils lui prennent et des corvées qu'ils en exigent, consentent à ce que la multitude se tienne dans la poussière à leur porte !

Bandong est au centre d'un pays d'une grande variété de cultures. Dans la plaine, des rizières, puis sur les montagnes, le tabac, le café, et encore le thé et le quinquina. Nous visitons avec un vif intérêt ces deux dernières cultures transplantées de si loin à Java. Nous trouvons à Tjioumboulouit de vastes terrains où l'arbre à thé est planté en ligne et taillé en buisson. Dans les champs, une nuée de travailleurs fait la cueillette des feuilles à la grosse et sans beaucoup de précautions. Le produit de la cueillette subira ensuite, à la maison d'exploitation, un triage et des préparatifs divers qui permettront de faire à la fois presque toutes les variétés de thé. Pour le thé vert, c'est une chauffe dans un poêlon en fer, alors que les feuilles sont encore fraîches, qui lui conserve sa couleur et lui donne ses qualités spéciales.

A quelque distance du thé, mais plus haut sur la montagne, sont les cultures de quinquina. Le gouvernement hollandais a fait les plus persévérants efforts pour acclimater l'arbre qui donne le quinquina, et il y a aujourd'hui à Java deux millions de pieds des diverses variétés du *chinchona*. Un vieux soldat, sur la plantation que nous visitons, préside aux opérations assez simples de la culture et de la récolte. On sème en serre les graines de l'arbre; lorsque les jeunes pousses ont atteint quelques centimètres, on les transplante dans le champ préparé pour les recevoir. Pendant six ans, on cultive le terrain avec soin, et, au bout de ce temps, l'arbre qui a poussé une tige unique, terminée par un gros bouquet de feuillage, est coupé au ras du sol. Des Javanais, avec un simple couteau, enlèvent la précieuse écorce des arbres coupés et en font des paquets qu'on expédie en Europe pour les préparations. La souche restée dans la terre repousse une seconde fois et, au bout de six autres années, est coupée de nouveau, mais cette fois-ci pour jamais, car alors l'arbre meurt et doit être remplacé.

De Bandong nous poussons une pointe sur Garout. Garout, comme Tandjour et comme Bandong, est dans une grande plaine entourée de volcans. Le volcan est en effet le personnage principal sur la scène naturelle de Java ; il est sans cesse présent. Il n'y a point de coin du pays d'où l'on ne découvre quelque immense cône dominant tout de sa masse. La plaine est couverte de rizières. Les terres que l'on peut noyer prennent ici le nom de *sawas* et, sans jamais se lasser, donnent chaque année du riz. La *sawa* n'est cependant pas limitée aux terrains bas ; elle s'élève sur les coteaux et même dans certains endroits jusque sur le flanc des montagnes. Dans ce cas, le sol, qu'il faut horizontal pour retenir les eaux, a dû être artificiellement nivelé et disposé en terrasses ou en escalier. Lorsqu'on voit tous ces petits champs inondés, placés à pic les uns au-dessus des autres, on sent que le travail incessant des générations s'est appliqué là, et l'on comprend qu'à Java, comme ailleurs, il n'y a qu'à marier le paysan à la terre pour en obtenir des prodiges.

Dans la *sawa* nul arbre ne pousse ; la campagne pourrait donc paraître vide et nue, si les Javanais n'avaient l'habitude de construire leurs maisons de bambou dans les arbres. Les nombreux villages cachés sous bois forment ainsi autant de bosquets et de massifs d'une éternelle verdure. Là croissent entremêlés, dans toute la splendeur d'une végétation luxuriante, le cocotier aux palmes sèches et rigides, presque métalliques, qui, pour produire tout son effet, doit être vu de loin, épars au milieu d'autres arbres ; le bambou au feuillage léger, coupé à jour et frissonnant, qui lui au contraire gagne à être admiré de près ; le bananier, la plus grande des herbacées, étalant en courbe de grandes feuilles d'un vert léger et d'une texture souple et onduleuse.

De Garout nous faisons l'ascension du Telagabodas, un ancien cratère d'éruption transformé en lac d'eau sulfureuse. En quittant la ville pour le lac, nous traversons d'abord les *sawas* et les bosquets de cocotiers, de bananiers ; à une certaine hauteur sur la montagne, les *sawas* disparaissent, les cocotiers et les bananiers se font de plus en plus rares, puis manquent à leur tour. Alors, à une élévation où déjà en Europe il n'y a plus que des conifères ou des pâturages, commencent les cultures de tabac et de café, qui s'étendent sur de vastes superficies.

Continuant à monter, nous dépassons toutes les cultures utiles, et nous nous trouvons enfin dans la forêt vierge, région d'arbres gigantesques que la main de l'homme n'a point encore touchés. Ce sont maintenant des fougères d'une variété étonnante, quelques-unes arborescentes, grandes comme des palmiers, avec des lianes partout enchevêtrées, qui donnent son caractère à l'ensemble. Le lac lui-même est entouré par les parois boisées de l'ancien cratère. Sa surface est à plus de cinq mille pieds au-dessus du niveau de la mer. Ses eaux ont une couleur laiteuse et exhalent au loin une forte odeur de soufre, que viennent encore augmenter les vapeurs sulfureuses qui se dégagent du sol et de sources d'eau chaude.

III

DJOCJOKARTA

Le Dieng et ses ruines. — Le régent de Wonosobo. — Les ombres javanaises. — Les ruines de Boro-Boudour, de Mendout et de Brambanam.

Juillet 1872.

En quittant la résidence des Préanger pour celle de Cheribon, on descend d'un pays de montagnes et de plaines élevées dans des terres basses baignées par la mer. Sur toute la côte règne une grande uniformité de cultures : du riz, et maintenant, au lieu de tabac et de café, des plantations de canne à sucre. On a partout, à perte de vue, des champs cultivés, et, comme la monotonie des cultures n'est rompue que par la vue des sucreries et de leurs cheminées, nous franchissons le plus vite possible la distance qui nous sépare de Pékalongan.

A Pékalongan nous laissons la côte et, prenant dans les terres, nous nous dirigeons sur le Dieng, tant à cheval qu'en palanquin. Le Dieng forme un grand pâté montagneux sur le faîte de la chaîne centrale. Au milieu de ses cimes nous allons trouver les premières ruines de l'ancienne civilisation de Java. L'île de Java, qu'on pourrait se figurer comme une unité politique et nationale aussi bien que géographique, en réalité n'a jamais été rien de pareil. Avant la conquête hollandaise, l'île était divisée en plusieurs royaumes hostiles les uns aux autres. Elle est encore aujourd'hui partagée en deux grandes fractions distinctes par la langue : la partie occidentale, la Sunda, où l'on parle la langue sundanaise ; la partie centrale et orientale, Java proprement dit, où l'on parle le javanais. C'est dans Java même que l'ancienne civilisation de l'île a atteint tous ses développements; c'est par là qu'ont pris pied d'abord les religions de l'Inde, puis le mahométisme, qui les a remplacées. Il est donc naturel que ce soit là qu'on trouve les restes des anciens monuments. Les ruines les plus importantes sont, dans la partie centrale de l'île, au Dieng, à Boro-Boudour, à Mendout et à Brambanam, dans la partie orientale à Kediri.

Pour arriver au Dieng, on traverse des montagnes où l'action volcanique est partout visible. Entre Batour et le Dieng se trouve une énorme source d'eau chaude, signalée au loin par une colonne de vapeur. L'eau bouillante et sulfureuse jaillit en gerbe avec force à plusieurs mètres. A peu de distance de cette source, du fond d'un petit cratère, se dégagent des gaz mortels à tous les animaux qui s'en approchent. La grande force plutonienne qui a soulevé les volcans sur la surface de Java se manifeste encore au Dieng plus ou moins active.

Les ruines sont sur un plateau, à 6500 pieds au-dessus du niveau de la mer. Ce plateau est environné de pics du haut desquels on découvre la mer au nord et au sud. Les monuments avaient été bâtis en partie sur la surface même du plateau, en partie à mi-côte. Autant qu'on peut se former une opinion par les fragments qui subsistent et qui n'ont point été encore complétement déblayés, il y a eu là des séries entières de temples et de constructions de nature diverse. Cela suggère l'idée d'un lieu de pèlerinage et de retraite religieuse. Il ne reste aujourd'hui que quatre à cinq petits temples, dans un état de conservation suffisant pour bien juger du style de l'architecture dans son ensemble et ses détails. Ce que l'on voit reporte tout de suite à l'Inde, et les sculptures révèlent que c'était la religion brahmanique qui avait là son culte. On n'en sait guère plus long. Les recherches que l'on a faites tendent seulement à placer vers le huitième siècle de notre ère l'époque de splendeur du Dieng.

Nous descendons du Dieng à Wonoboso, sur le versant opposé à celui que nous avons gravi en venant de Pékalongan. Le régent de Wonosobo est d'une très-ancienne famille indigène. Sa femme, quoiqu'elle ne soit plus très-jeune, n'en a pas moins conservé les plus beaux yeux qu'il nous ait encore été donné de voir à Java. Nous trouvons chez eux le régent et sa femme, entourés de leurs sept enfants. Toute la famille a revêtu un même *sarong* tigré, tacheté de couleurs tranchantes, et forme ainsi un groupe des plus pittoresques. Toutefois la grande raison de notre visite au régent est une représentation de *ouayants*, d'ombres javanaises, donnée à notre intention.

Ayant pris place sur des siéges, nous avons devant nous un grand panneau tendu d'une toile blanche; c'est sur ce panneau que l'ombre des marionnettes va se détacher. Le régent possède un ancien jeu de *ouayants* très-précieux. Ce sont des figures de deux pieds de haut environ, faites d'un cuir taillé très-délicatement et découpé à jour ; les figures sont en outre peintes et dorées avec art. Un jeu pareil à celui du régent coûterait une très-grosse somme. Par-derrière le panneau est accroupi l'impresario, le *dalang*, comme les Javanais l'appellent. Il a, rangée à sa droite et à sa gauche, toute la série des marionnettes qu'il produira pendant la soirée. La musique ayant commencé à faire entendre en sourdine une sorte d'accompagnement continu, notre *dalang* se met à l'œuvre. Il prend une figure et la pique, par le pied, sur une tige de bananier disposée à cet effet derrière la toile ; il prend une seconde figure et la pique face à face avec la première, puis il les met toutes les deux en conversation. Les marionnettes restent tout le temps immobiles sur la tige de bananier, seuls les bras sont articulés, et quand une figure prend la parole, le *dalang*, qui parle pour elle, les lui tient en mouvement.

Les ombres qui se détachent à tour de rôle sur la toile sont fort originales avec leur profil fuyant, leur nez d'oiseau et les étranges coiffures que le cuir découpé à jour leur dessine; mais comme il n'y a jamais que les bras qui remuent, cela manque un peu d'animation. Et puis ce sont des marionnettes épiques! C'est Rama lui-même qui est entré en scène pour faire une déclaration d'amour à une grande princesse. Deux ou trois scènes avec changement de figures ont déjà eu lieu, et cependant les amours de Rama n'ont nullement avancé. Notre impresario introduit toutes sortes d'*aparte* qui n'ont rien à faire avec l'action principale, et entremêle de scènes comiques l'épopée tirée du Ramayana. Cela ne finira point. Il est vrai que la foule des Javanais, qui s'est accumulée, a pris ses précautions; on fume, on boit, on mange, et ainsi préparé, on passera la nuit, et encore la matinée d'après, à suivre le *dalang* par tous les chemins où il lui plaira de faire passer Rama et sa princesse. Pour nous, qui n'avons que le plaisir des yeux et non point des oreilles, notre patience se lasse plus vite, et, prenant congé de nos hôtes, nous allons nous coucher.

Nous sommes maintenant dans le Baguelen, un magnifique pays, celui de tout Java où la population est la plus dense. Pourworedjo, où habite le

11

résident hollandais, se perd sous le feuillage d'arbres qui nous paraissent encore plus touffus qu'ailleurs. A peu près à égale distance de Pourworedjo et de Djocjokarta, dans le Kedou, se trouvent les anciens monuments de Boro-Boudour et de Mendout, les mieux conservés qu'il y ait à Java.

Boro-Boudour est une construction d'environ 100 mètres à la base, occupant le sommet d'une petite colline. Elle se compose d'abord de cinq grandes assises carrées allant en diminuant les unes par-dessus les autres, en forme de pyramide. Par-dessus la pyramide carrée sont trois assises cylindriques superposées les unes aux autres, et allant également en se rétrécissant de la base au sommet; aux assises cylindriques se superpose encore un dôme d'environ cinquante pieds de diamètre. Malgré tout cet échafaudage, le monument semble un peu surbaissé et paraît manquer de proportions. La pyramide tronquée est relativement trop large pour sa hauteur, et les assises cylindriques et le dôme ne sont point d'un volume correspondant à celui des assises carrées sur lesquelles ils reposent.

Il faut du reste bien se rendre compte des dispositions de l'édifice. Ce n'est point un temple dans lequel on puisse entrer pour prier, il n'y a ici aucun vaisseau intérieur, au contraire tout est plein. Boro-Boudour est un immense bloc, érigé à la gloire du Bouddha. Il servait de piédestal à un nombre infini de statues et donnait un grand développement de murailles pour appliquer des bas-reliefs. On trouve là sculptées toutes sortes de scènes tendant à la glorification du Bouddha. Ce sont de belles compositions, parfaitement équilibrées et pondérées, pleines de mouvement, de vie et d'expression. Par l'exécution, elles tiennent comme le milieu entre le style grec et le style roman.

Mendout n'est qu'à une faible distance de Boro-Boudour, quatre ou cinq kilomètres. Le temple de Mendout, qui est assez petit, est demeuré longtemps enfoui sous un monticule de terre; il n'a été découvert et déblayé qu'en 1835. Si nous n'avons pas ici, comme à Boro-Boudour, une construction de dimensions colossales, nous avons en revanche un monument harmonieux dans toutes ses parties. D'abord une plate-forme distincte du temple et sur laquelle celui-ci est placé; puis le temple lui-même, une tour carrée dont chaque face est ornementée par une sorte de grand panneau défini à l'aide d'arabesques et de moulures. Au centre du panneau sont sculptés des personnages en bas-relief. La tour de Mendout se terminait au sommet en forme de pyramide. Cette partie de l'édifice est celle qui a le plus souffert.

On pénètre à l'intérieur par une petite porte qui sert d'unique ouverture à la chambre dans laquelle on se trouve alors. La pyramide surmontant la tour est exactement au-dessus de la chambre; le plafond de celle-ci se trouve être ainsi une voûte élancée en encorbellement. Dans la chambre sont placées trois statues en granit; au fond, directement en face de la porte d'entrée, un Bouddha assis, plus de deux fois grandeur nature; à droite et à gauche, adossés à chaque face latérale, deux disciples, probablement deux rois, sensiblement moins grands que le Bouddha.

Ces statues sont fort belles. Ce qui en fait surtout quelque chose d'admirable, c'est qu'à elles trois elles forment un groupe. Les personnages sont en train de disserter. L'action est si bien indiquée, les divers mouvements de la parole à l'attention et à la réplique sont si justes, que dès l'entrée dans la chambre on en demeure frappé. Le Bouddha du milieu fait aux disciples une démonstration qu'il appuie par un geste du doigt d'une main, l'annulaire, placé sur le doigt correspondant de l'autre main. Ce geste est parlant. L'expression de la tête est très-réussie. C'est le vrai Bouddha de la théologie, avec un air de calme et de sérénité absolus. Les deux disciples écoutent la parole du Bouddha; leur geste appuie la démonstration du maître et marque que chez eux la conviction va se faisant. Nous avons là une œuvre de grand art, qui peut être également admirée par tous les hommes de tous les temps.

Djocjokarta est situé entre Mendout et Brambanan, et sert ainsi comme de station pour aller de l'un à l'autre. L'ensemble des ruines de Brambanan dépasse en étendue tout ce que nous avons encore vu. Malheureusement ici les tremblements de terre, les arbres qui poussent au sommet des édifices, la main même de l'homme, ont été autant de causes de dépérition, et les monuments ne subsistent plus guère qu'à l'état d'amas de pierres.

A Brambanan, on est en plein dans le gigantesque. On rencontre les constructions groupées par centaines. L'assemblage principal, Chandi Sewou ou les Mille temples, ne se compose point en réalité de mille temples; mais, ce qui est déjà un nombre étonnant, de deux cent quatre-vingt-seize petites chapelles formant plusieurs rangs diposés en rectangle autour d'un grand édifice central. Sur chaque face du rectangle se trouvaient placées de colossales figures humaines, des sortes de monstres. Ils avaient sans doute été mis là pour figurer des gardiens aux côtés des entrées, et aujourd'hui encore ils sont presque tous en place à leur poste. Le second assemblage, Loro-Jongrang, a dû se composer primitivement d'une vingtaine de temples. Aujourd'hui les six principaux subsistent à peu près seuls et dans un état tout à fait informe. Malgré tout, les statues de Ganêsa, de Siva et des autres personnifications du panthéon brahmanique qu'on découvre encore entières ou par fragments, montrent assez qu'à Brambanan nous ne sommes plus, comme à Boro-Boudour et à Mendoutt, sur le terrain bouddhique, mais que nous avons retrouvé la religion brahmanique qui avait son culte au Dieng.

Les ruines de Java suggèrent divers problèmes. Quel est l'âge respectif des constructions? Comment expliquer l'existence sur le même sol d'édifices du culte brahmanique et du culte bouddhique?

Les édifices appartenant à ces deux cultes sont-ils ou non contemporains? Ce sont là autant de questions qui paraissent être encore assez mal élucidées. Il n'y a que sur le point de savoir à qui sont dus les monuments qu'on puisse considérer la lumière comme faite.

L'époque antérieure à la venue des religions de l'Inde ne présente à Java aucune trace d'un art architectural indigène né sur le sol. Dès que l'architecture paraît ici, elle est consacrée à des édifices brahmaniques ou bouddhiques qui par le style rappellent ou reproduisent ceux de l'Inde. Puis on cesse de construire. C'est l'époque qui correspond à la disparition des cultes aryens et à leur remplacement par le mahométisme. On ne trouve rien à Java avant les monuments des religions de l'Inde et rien après eux. Il faut donc en conclure que les constructions étaient l'œuvre d'hommes qui avaient apporté en même temps du dehors leurs arts et leurs religions. Ainsi les ruines que nous venons d'admirer sont la manifestation d'un génie étranger à l'île.

IV

SOURAKARTA

Les princes indigènes. — Visite au sultan de Djocjokarta et au prince Mangko-Negoro. — Caractère et costume des Javanais. — Retour à Batavia.

Juillet 1872.

Djocjokarta et Sourakarta (ou Solo), situées l'une à côté de l'autre au centre de Java, sont les seules villes de l'île qui aient conservé à l'état de princes régnants leurs anciens souverains indigènes. Il est vrai que le sultan qui subsiste à Djocjo et le *sou-souhounan* à Solo se sont depuis longtemps reconnus vassaux de la couronne hollandaise. Celle-ci, en échange, leur assure sa protection. Cette protection est du reste tout ce qu'il y a de plus efficace. Le fort que les Hollandais bâtissent généralement en dehors des villes javanaises est, à Solo et Djocjo, au centre même de la ville. Les Hollandais montent ainsi la garde à la porte même de leurs vassaux; de plus, ils maintiennent à leurs côtés, à titre de conseil, un résident, sans l'assentiment duquel ils ne se permettraient absolument rien, pas même de recevoir une visite de notre part. Ces excellents princes de Djocjo et de Solo sont comme des gens retirés de la politique et des affaires, qui au fond n'ont gardé d'autres prérogatives de leur ancien état que celle de lever le plus d'impôts possible sur les terres qu'on leur a laissées. Quelque réduits qu'ils soient politiquement, ils sont donc restés avec de très-gros revenus et ils ont pu conserver autour d'eux toute une cour. On trouve là un mélange assez original de choses européennes et asiatiques.

Le sultan de Djocjokarta nous reçoit dans une grande salle toute remplie de meubles européens, de tableaux, de gravures formant un assemblage d'objets étonnés de se trouver ensemble. Heureusement, pour sauvegarder la couleur locale, que le sultan a conservé son costume national et que son entourage en a fait autant. Pendant que nous causons et prenons le thé avec lui, nous avons devant nous, plein la cour d'honneur, les gens de sa maison et de sa domesticité, assis à terre, les jambes croisées, et, selon leur rang, formés en groupes distincts. Tous ces hommes sont nus jusqu'à la ceinture, ils n'ont pour vêtement qu'un ample *sarong* et pour coiffure un bonnet en forme de cône tronqué, avec une double arme à la ceinture, le *kriss*, et un couteau. C'est là, à Java, le costume de cour. Ces rangées d'hommes au corps bronzé, immobiles à terre, constituent un encadrement tout à fait original et qui a réellement un très-grand air.

A Sourakarta, nous n'avons pu voir le *sousouhounan*, qui s'est trouvé malade; mais nous avons fait connaissance avec Mangko-Negoro, chef d'une famille princière distincte. Mangko-Negoro, de tous les princes javanais, est de beaucoup le plus intéressant. Celui-ci est un maître homme, qui sait allier avec intelligence les façons européennes aux asiatiques. Il s'est bâti au milieu de Solo un palais, en modifiant le style des constructions javanaises par les procédés de l'architecture européenne. Le *pandoppo* ou halle couverte qui tient le milieu de sa cour d'honneur est le plus grand de tout Java. Là-dessous nous trouvons rangés des groupes de serviteurs, un orchestre de musiciens, puis nous voyons se succéder les danses de ses danseuses et de ses danseurs.

Après nous avoir étalé le faste de sa maison, Mangko-Negoro nous fait voir le côté solide qui sert à le défrayer. Sa sucrerie, que nous visitons près de Solo, est la plus belle de l'île ; elle est fournie des appareils les plus perfectionnés de l'industrie sucrière, mis en œuvre sous la direction d'ingénieurs européens. A cette sucrerie, le prince est en train d'en ajouter une seconde. Il exerce lui-même une active surveillance sur la gestion de ses domaines, et est arrivé ainsi à être l'homme le plus riche de tout Java.

Nous connaissons maintenant les Hollandais et les chefs javanais, et il ne nous reste plus qu'à dire quelques mots du peuple qu'ils gouvernent. Ce peuple est le plus docile de la terre. Les Javanais ne sont point parvenus à ce degré de développement où l'homme se considère comme capable de se gouverner lui-même ; ils n'ont donc jamais conçu qu'ils pussent avoir des droits ni être autre chose que des gens taillables et corvéables à merci. Les traits principaux de leur caractère paraissent être ainsi la déférence et la soumission envers leurs chefs.

D'ailleurs leurs manières sont pleines de politesse, le savoir-vivre est chez eux général. Ils ne sont point bruyants, on ne les voit jamais gesticuler et presque jamais rire; on pourrait les dire taciturnes. Leur musique et le peu de chant qu'on entend d'eux ont toujours un certain caractère de mélancolie.

Les Javanais sont physiquement grêles et de petite taille; jeunes ils ont des traits agréables, mais qui se défont vite avec l'âge. Ils tiennent leurs cheveux, qu'ils conservent longs, ramassés par un peigne et enroulés en une sorte de nœud; ils s'enveloppent ensuite la tête d'un mouchoir. Ils ont pour vêtement du haut du corps un petit gilet avec col droit, boutonnant serré. Hommes et femmes portent le *sarong*. C'est une pièce d'étoffe rectangulaire, presque toujours de couleurs vives; on lui fait faire environ une fois et demie le tour des reins, et alors on l'attache. Le *sarong* ainsi disposé fait l'effet d'un jupon qui retomberait jusqu'aux pieds. Tous les hommes indistinctement portent le *kriss* à la ceinture. Quoi qu'il en soit de leur costume, les Javanais sont loin de faire mauvaise contenance, et les hommes de qualité parmi eux trouvent facilement le moyen d'être avenants et même distingués.

Notre voyage dans l'intérieur se terminant ici, nous prenons le chemin de fer pour Samarang; de Samarang nous retournerons par mer à Batavia.

V

BATAVIA

Politique des Hollandais à Java. — Esprit de leur gouvernement. — Mécanisme du système colonial. — Le gouvernement hollandais meilleur que celui des chefs indigènes.

Août 1872.

La domination que la Hollande exerce sur Java s'étend en même temps sur tout l'archipel malais. L'empire colonial désigné sous le nom d'Indes néerlandaises couvre ainsi un vaste espace de terre et de mer, et comprend des îles qui, comme Sumatra, Bornéo, Célèbes, sont parmi les plus grandes du globe. Le système de gouvernement et d'administration que la Hollande applique à ce vaste empire a été l'objet des jugements les plus opposés; il a à la fois ses enthousiastes et ses détracteurs, et il est en même temps porté aux nues et traîné dans la boue. Pour avoir une opinion sur le gouvernement colonial hollandais, il semble qu'il faille d'abord se faire une idée exacte de l'ordre de choses auquel il correspond et de la nature des circonstances dont il est le produit.

Le gouvernement de la Hollande sur Java est issu d'une conquête. De quelle nature est celle-ci? Les conquêtes faites en Asie par la Hollande n'ont point le caractère épique. Les Hollandais n'ont jamais déployé une force irrésistible pour briser tout devant eux et substituer brusquement à un ancien ordre de choses un ordre nouveau; ils ne sont arrivés dans les îles qu'en petit nombre; ils n'ont point, dans le principe, prétendu à la souveraineté directe de toutes les terres, mais se sont contentés du protectorat et de l'occupation de ports et de comptoirs. Les Hollandais en Asie n'étaient que des marchands venus pour faire du commerce et gagner de l'argent; ils ne cherchaient pas, par satisfaction militaire, besoin de propagande religieuse ou de suprématie politique, à tout détruire chez le peuple conquis, mais préféraient plutôt utiliser les anciens chefs et conserver les usages locaux pour les tourner à leur profit. Ne demandant qu'à établir une domination qui fût un bénéfice, ils ont trouvé que c'était là la voie la meilleure et la plus fructueuse, et ils s'y sont tenus.

Aujourd'hui encore, quelque complète que soit devenue leur suprématie, si avant qu'ait pénétré leur gouvernement, l'un et l'autre n'en ont pas moins gardé leur caractère des premiers jours. La machine gouvernementale est ainsi restée un singulier mélange d'éléments européens et indigènes. Il y a toujours comme deux rouages superposés : au sommet, le gouverneur général hollandais, assisté d'un conseil; par-dessous, toutes sortes d'anciens princes conservés avec leurs titres et des prérogatives diverses. De ces princes, il y en a encore partout dans les îles : à Java, Madura, Bali, Célèbes, Sumatra, Bornéo. Puis vient l'organisation pour les pays administrés directement, toujours à double rouage, européen et asiatique. Au sommet de la province, qui prend ici le nom de résidence, le résident hollandais; à côté de lui et sous lui, des régents indigènes. Le résident a encore sous ses ordres des assistants-résidents et des contrôleurs hollandais stationnés sur les divers points de sa résidence, et le régent indigène a de son côté, échelonnés par-dessous lui, dans sa régence, des *védonos*, chefs de district, et des *mantris*, chefs de village.

Si les Hollandais ont laissé subsister en partie la

forme politique de la société conquise, dans l'ordre moral ils ont tout laissé intact. Ils n'ont nulle part fait pénétrer leur langue, ce sont eux qui apprennent les langues indigènes, et le malais est la langue commune qui sert ici aux rapports de l'Européen et de l'Asiatique. Les Hollandais n'ont surtout rien changé à la religion, aux mœurs et aux idées des indigènes, et, si l'on y regarde de près, ce sont eux encore qui, pour les habitudes et la manière de vivre, plutôt que de donner, ont emprunté.

On comprend que conservant tant de choses, ils aient surtout tenu à conserver tout ce qui permettait de recueillir les bénéfices de la conquête. Les Hollandais trouvaient dans le régime appliqué de temps immémorial par les chefs indigènes des facilités très-grandes pour accaparer les richesses de l'île. Cela a été non-seulement conservé, mais encore systématisé, perfectionné, et, parvenu à complet développement, a abouti en 1830, dans les mains du général Van den Bosch, au système colonial qui existe encore.

La terre à Java, en théorie, appartenait aux sultans; en fait, elle était la propriété collective de la *dessa* ou commune. Les terres à riz de la *dessa* devaient être périodiquement divisées et réparties pour les cultures, entre toutes les familles composant la *dessa* ; cependant chaque famille, prise isolément, n'obtenait la jouissance d'une part de terre qu'en étant soumise, pour le compte des chefs, d'abord à des journées de corvée et à divers travaux obligatoires, puis à un impôt prélevé en nature sur le riz récolté.

Les Hollandais, se substituant aux chefs javanais, se sont approprié ce système. Les terres à riz sont restées propriété indivise de la *dessa* ; l'impôt en nature, converti en impôt en argent, a été payé au collecteur hollandais. La jouissance d'une part de terre à riz continuant à être soumise à certaines conditions de travail obligatoire, chaque famille, pour obtenir sa terre, a dû cultiver dans les pays de montagne six cents pieds de café, et dans le plat pays donner une certaine somme de travail à la culture de la canne à sucre. Du reste, ce ne sera pas là un travail perdu pour la famille qui s'y livrera : le café produit lui sera payé treize florins le *picoul* ; quant au travail fourni pour la canne, on fixera également un prix qui soit une rémunération réelle. Mais alors tout le café récolté devra être livré au gouvernement hollandais, qui aura le monopole exclusif de son commerce, et la fabrication du sucre sera une opération à laquelle ce même gouvernement pourvoira seul par l'intermédiaire de fabricants européens. La corvée due aux chefs indigènes a été également conservée, on l'a appliquée aux travaux publics. Les chefs dont on a pris la place ont été dédommagés; ils sont entrés comme salariés dans l'engrenage administratif et ont reçu un tantième sur le produit des cultures.

Ce singulier système a transformé le gouvernement colonial en ordonnateur général des cultures, en négociant avec monopole des produits de la terre, et il a fait de l'administration publique un organe de direction imposé à chaque famille. Et pourtant, sous l'application de ce système, la prospérité de Java a pris de très-grands développements. C'est qu'il faut bien penser que nous sommes en Asie, et que, dans l'application politique, tout est chose relative et affaire de comparaison.

Il est vrai que le gouvernement hollandais est resté pour le peuple conquis un pur despotisme; mais comme ce despotisme, exercé par des Européens, est relativement doux et dans tous les cas éclairé, il réalise un véritable progrès sur l'ancienne tyrannie des chefs indigènes. Le gouvernement hollandais a fait régner la paix, a assuré une bonne police, une justice équitable, a garanti partout contre le caprice et l'arbitraire des chefs, et, dans tout cet ordre de choses, a fait jouir les populations d'avantages qu'elles n'avaient jamais connus.

Il est vrai que l'administration hollandaise exerce sur chaque famille une direction qui est une véritable tutelle; mais pareil état de chose avait existé de tout temps de la part des chefs, et au lieu que ceux-ci, ignorants et incapables, ne savaient point donner une bonne impulsion aux paysans, les Hollandais, eux, les ont employés à la culture du café, du sucre, de l'indigo, du thé, du tabac.

Il est vrai que les Hollandais, par le monopole, prélèvent sur le produit des cultures une part léonine; mais auparavant les sultans prenaient à peu près tout à leurs sujets. Or les Hollandais sont loin de prendre tout, et la somme, quelque réduite qu'elle soit, qu'ils ont fixée comme rémunération du travail pour le café et le sucre, se trouve avoir singulièrement accru le revenu de paysans qui autrefois ne cultivaient que le riz.

Il est vrai que les Hollandais ont conservé la

corvée, mais en la réglementant ; ils l'ont strictement limitée à un jour par semaine, et tandis que les anciens chefs en gaspillaient l'emploi, ils l'ont appliquée à des travaux qui ont contribué à développer la richesse publique. C'est avec la corvée qu'ils ont couvert le pays de routes et qu'ils font aujourd'hui de grands travaux d'irrigation.

Comme résultat du système hollandais, Java a vu sa population passer, de 5 millions en 1826, à 13 millions en 1863 et à 16 millions en 1870 ; l'étendue des terres mises en culture partout s'accroître, un certain bien-être devenir général : de telle sorte que, tout considéré, on ne peut nier que la domination hollandaise ne soit un véritable bienfait pour ceux auxquels elle s'applique.

Quoi qu'il en soit, le système colonial de Java est si peu en harmonie avec les notions de gouvernement qui prédominent chez les nations européennes, qu'il est impossible de l'accepter autrement que comme un système né de circonstances particulières et que comme un ordre de choses transitoire. Que l'État s'arroge la direction des cultures de tout un peuple, qu'il s'attribue le monopole du commerce des produits du sol, ce sont des procédés tellement asiatiques qu'une nation européenne ne saurait indéfiniment les maintenir et les appliquer.

Il faut reconnaître qu'il se fait dans ce sens un grand travail parmi les Hollandais. Ils sont à peu près tous d'accord aujourd'hui pour admettre que le système actuel ne saurait durer éternellement. La seule question est de savoir quels moyens termes seront apportés à sa disparition. Déjà le monopole pour la culture du sucre est condamné et va aller en décroissant d'année en année à partir de 1878 jusqu'en 1890, où il cessera définitivement. Il y a donc lieu d'espérer que le jour approche où le régime de la liberté du travail et du commerce aura remplacé à Java celui de la tutelle administrative et du monopole.

IV

CEYLAN

I

KANDY

Arrivée à Pointe-de-Galle. — Colombo. — Kandy. — Une dent de Bouddha. — La culture du café.

Août 1872.

De Java nous voici sans transition à Ceylan. Quelque grande que soit la distance qui sépare ces deux îles, nous l'avons franchie bien facilement. Je ne sache même pas qu'il vaille la peine de mentionner que, partis de Batavia par un bateau qui correspond à Singapore avec les bateaux des Messageries venant de Chine, nous avons été amenés à Ceylan par l'*Hougly*. Tous ces itinéraires des grands paquebots entre les diverses terres d'Asie sont aujourd'hui aussi réguliers que ceux des omnibus qui passent par votre rue. Nous n'avons donc presque jamais parlé de nos parcours de mer, et n'en parlons non plus en cette occasion, renvoyant pour les renseignements au Livret-Chaix ou à Bradshaw.

Pointe-de-Galle, à l'extrémité sud-ouest de Ceylan, où nous avons pris terre, est plus ou moins identifiée par les savants avec l'ancienne Tarshish, que fréquentaient les navires du roi Salomon. Cela fait plaisir de trouver sur sa route un lieu éveillant d'aussi vénérables souvenirs. Tarshish, sous sa forme moderne, n'est cependant qu'une bicoque n'ayant d'autre commerce que la vente du charbon aux navires en relâche, si bien que nous nous mettons tout de suite en route pour Colombo.

De Pointe-de-Galle à Colombo on a une grand'route excellente qui longe tout le temps la mer et qui tout le temps encore est dans les cocotiers. Le littoral est aussi couvert d'un fouillis de cocotiers qui viennent, jusque sur l'extrême bord de la mer, se pencher sur l'eau salée. Ces cocotiers de Ceylan, minces, effilés, portant un tout petit bouquet de feuillage à l'extrémité d'une longue tige sinueuse, sont bien les arbres les plus élégants que l'on puisse imaginer.

La capitale politique et commerciale de Ceylan,

Colombo, doit son existence aux Européens. Elle n'a rien de bien intéressant. Sur le bord de la mer, à côté d'un fort, un gros pâté de vilaines maisons et de plus laids édifices constitue le noyau de la ville; là se trouvent le palais du gouvernement, les casernes, les banques, les comptoirs des négociants. Ce petit centre sert le jour de lieu de réunion pour les affaires; le soir, il se dépeuple et reste vide jusqu'au lendemain. Européens et indigènes ont également leurs demeures dans un grand espace, moitié ville, moitié campagne, qui s'étend au loin autour du noyau formé par la ville des affaires.

A Colombo, on prend le chemin de fer pour l'intérieur. On s'élève à travers des montagnes pittoresques et on arrive à Kandy. C'est là que régnaient les derniers princes indigènes, que les Anglais ont dû détrôner pour achever la conquête de l'île.

Kandy est dans une situation charmante, au bord d'un petit lac, au milieu des montagnes. La ville possède une relique inappréciable, une dent de Bouddha. Un peu avant le coucher du soleil, on entend s'élever du temple où se conserve la relique un bruit de tam-tam et de tambourins qui préludent à des accords religieux assez inattendus. C'est l'annonce que la chapelle de la dent va être ouverte et que tous peuvent entrer et apporter leurs offrandes. La dent n'est point visible, elle est dérobée aux regards sous sept reliquaires successifs, en forme de cloche, mis les uns par-dessus les autres et placés eux-mêmes derrière de gros barreaux de fer. Devant ce grillage, les fidèles font leurs dévotions, puis déposent en offrande des fleurs odorantes. Le plus plaisant, c'est que cette dent fameuse n'est qu'un gros morceau d'os d'éléphant ou de tout autre animal, mis par les prêtres bouddhistes à la place d'une relique plus ancienne, dont les Portugais s'étaient emparés et qu'ils ont détruite.

Aujourd'hui Kandy tire son importance de sa situation au centre des plantations de café. A Kandy, on ne se préoccupe que du café; tout le long de l'année, on le suit avec anxiété dans les diverses péripéties de la floraison, de la maturité, de la cueillette et de la vente. La culture du café à Ceylan présente des particularités assez intéressantes pour qu'on puisse en parler un instant.

Le café avait été primitivement apporté par les Hollandais à Ceylan; mais sa culture, faite par eux dans de mauvaises conditions, sur les terres basses du littoral, avait dû être abandonnée. Le caféier n'était plus guère planté que pour ses fleurs dans les jardins des indigènes, lorsque, vers 1830, les Anglais entreprirent à nouveau des essais de culture en grand. Maîtres alors de toute l'île, ce ne fut plus sur le littoral, mais sur les montagnes qui entourent Kandy, qu'ils commencèrent leurs essais. Ceux-ci réussirent pleinement. Avec l'énergie qui les caractérise, les Anglais, exploitant la veine de production qui s'ouvrait devant eux, ont, en peu d'années, couvert les montagnes de l'intérieur de grands champs de caféiers, et Ceylan, qui, avant 1830, n'exportait qu'une quantité insignifiante de café, est aujourd'hui, en troisième ligne, après le Brésil et Java, le pays qui en produit le plus.

On plante le caféier autour de Kandy jusqu'au sommet des montagnes, même dans les endroits les plus escarpés. C'est une culture très-perfectionnée. La terre est sarclée avec soin, enrichie d'engrais; les arbustes sont taillés et maintenus à une élévation convenable. Tout cela exige l'emploi d'un grand nombre de bras. Ce ne sont point les indigènes cingalais qui les fournissent. Ceylan est très-peu peuplé, l'île n'a que deux millions et demi d'habitants. Les Cingalais résident surtout sur le littoral, où ils cultivent de petits champs de riz et plantent le cocotier. Ils ne sont pas assez pressés par le besoin et répugnent trop aux travaux pénibles pour échanger ces occupations contre la culture du café dans les montagnes. On va donc chercher des travailleurs, des coulies dans l'Inde. Le sud de l'Inde est occupé par une population dense et laborieuse, la population tamoule, qui fournit aux planteurs les coulies dont ils ont besoin. Il y a aujourd'hui une migration constante de travailleurs tamouls qui partent d'eux-mêmes du continent de l'Inde, et par bandes se rendent, à travers l'île, cultiver les plantations européennes.

Le pays montagneux de Ceylan offre ainsi le spectacle d'une grande activité agricole, qui est le fait de gens étrangers à l'île, exploitant les richesses du sol sans aucune pensée de jamais s'y fixer. Le planteur européen, campé au milieu de sa plantation, dans une maison le plus souvent improvisée, cherche à faire fortune le plus vite possible pour repartir; le travailleur tamoul, aussitôt qu'il a ramassé un petit pécule, retourne en faire l'emploi sur son sol natal, sauf à revenir, et il reste ainsi, faisant la navette entre l'Inde et Ceylan. Tout ce monde venu du dehors est nourri par le dehors; l'île de Ceylan fournit à peine de quoi alimenter sa population; le surcroît d'étrangers occupé aux plantations de café doit importer de loin, l'Européen son blé, le coulie son riz.

La culture du café à Ceylan ne présente, dans aucun de ses aspects, le caractère de fixité et de permanence qui est ailleurs le trait même de l'agriculture, et ce caractère, elle ne l'acquerra jamais : la nature des choses s'y oppose. L'arbuste qui donne la graine de café ne vit guère au delà de soixante ans. Lorsqu'on le plante à Ceylan, on doit choisir des terrains boisés qu'on défriche pour la première fois. Pour réussir, on a besoin des sucs tenus en réserve dans une terre non encore cultivée. Quand les sujets d'une plantation arrivent au terme de leur vie naturelle, le sol épuisé ne permet pas une seconde plantation. Les pentes sur lesquelles se fait la culture, au flanc des montagnes, sont du reste si abruptes que les eaux des pluies tropicales entraînent les terres végétales et dénudent partout les roches. Jusqu'à ce jour, on a compensé la diminution de production qui se fait sentir dans certaines vieilles plantations par des plantations nouvelles; mais l'étendue des terres propres au café est à Ceylan relativement limitée. Bientôt toutes les terres propices seront en culture; lorsque l'on en sera rendu là, la production devra diminuer peu à peu, et même cesser en même temps que les dernières plantations s'épuiseront.

II

POLLANAROUA

Départ pour les forêts de l'intérieur. — Les charrettes à bœufs. — Les temples et les Bouddhas de Damboul. — Le gibier. — Les singes. — Les crocodiles. — Les ruines de Pollanaroua. — Bouddhas sculptés dans le roc à Pollanaroua.

Septembre 1872.

De Galle à Colombo, nous étions venus en poste sur la grand'route ; de Colombo à Kandy, nous avions le chemin de fer, et maintenant, quittant Kandy pour redescendre dans les plaines et gagner le nord de l'île, nous nous trouvons tout à coup réduits aux moyens de transport de la primitive humanité. Le nord de Ceylan est une immense forêt presque sans habitants ; on y voyage dans la solitude, par des chemins plus ou moins difficiles. Le seul moyen de transport en usage, dont nous devons par conséquent nous servir, est la solide charrette avec gros arbre pour timon, que le rustique attelle derrière sa paire de bœufs.

Nos bœufs sont d'assez gros animaux appartenant à la race de l'Inde. Ils sont haut encornés. Sous prétexte de combattre je ne sais quelle infirmité propre à leur race, ils ont les flancs, les cuisses, les épaules couverts de grandes arabesques qui leur ont été entaillées sur la peau à l'aide d'un fer rouge. Ceci leur donne comme un air endimanché et une sorte de prétention à l'élégance qui sont assez bizarres; mais ce qui achève leur physionomie est la bosse qu'ils ont, plantée droit sur la nuque, à la rencontre de l'épine dorsale. Cette bosse, loin d'être une erreur de la nature, est en même temps un ornement et un élément d'utilité; le bouvier s'en sert pour l'attelage de ses bêtes. Il n'emploie ni joug ni collier, mais, attachant une traverse au bout du timon de sa charrette en forme de croix, il appuie chacune des branches de la traverse sur le cou des deux bœufs, placés de droite et de gauche du timon. Lorsque les bœufs se mettent en mouvement, la traverse glisse sur leur cou jusqu'à la rencontre de la bosse, là elle s'arrête, et entraînant après elle tout ce qui la suit, l'équipage se met à rouler.

Nos chars sont hermétiquement couverts d'un toit conique en feuilles de cocotier qui se penche à l'avant et à l'arrière en guise de capote. Ainsi recouvert, l'intérieur forme une sorte de couloir où l'on est à l'abri des atteintes du terrible soleil et aussi de la pluie. Là, le jour, on repose, on lit, on rêve :

<blockquote>Car que faire en un gîte, à moins que l'on ne songe?</blockquote>

La nuit, on y fait son lit. Je ne me figure en effet notre charrette couverte que comme un gîte ou un logis. C'est la première idée qu'elle éveille. Quant à y voir tout d'abord l'agent de locomotion, il n'y faut point penser; chaque jour elle roule si peu, et ce peu si lentement! Quatre kilomètres à l'heure constituent notre maximum de vitesse. C'est probablement là le seul moyen de transport qu'on ait jamais trouvé pour aller moins vite qu'à pied.

Nous arrivons à Damboul après trois jours de marche, ayant fait soixante-dix kilomètres du pas de nos bœufs. A Damboul s'élève un roc de quatre à cinq cents pieds de haut, dont le sommet dépouillé est noirci par le temps. Aux trois quarts environ de la hauteur, sous une saillie, on trouve enfoncés dans la masse rocheuse des temples bouddhistes fort anciens. Il y a là un grand nombre de Bouddhas sculptés ; plusieurs sont de dimensions colossales, trois surtout. Le premier que l'on trouve, en entrant dans la cour, est à la fois le plus vieux, le plus grand et le plus beau. Le Bouddha est couché tout de son long, la tête un peu soulevée, appuyée sur une sorte d'oreiller; il a quarante pieds de long. Ces statues ont pour particularité d'être taillées dans le roc vif; elles forment ainsi des monolithes trouvant leur base et leur support dans la masse rocheuse qui leur a donné naissance. Malheureusement elles sont recouvertes d'une affreuse couche de stuc peint en jaune, la couleur obligée des bouddhistes, et dès lors il devient difficile de juger du mérite intrinsèque du travail au ciseau.

Pour se rendre de Damboul à Pollanaroua, on quitte à Habrana la route qui va à Trincomalé, et, passant par Minéri, on s'enfonce dans des bois de plus en plus profonds et inhabités. Le village d'Habrana peut avoir une dizaine de familles, Minéri à peu près autant, Toparé ou Pollanaroua un peu moins. En dehors de ces trois petites agglomérations, plus d'autres êtres vivants que des bêtes qui ne sont connues en Europe que par les spécimens des ménageries.

Autour de Minéri, il y a dans la forêt des espaces découverts ressemblant à des pâturages naturels, et les restes d'anciens étangs dont les digues intactes retiennent l'eau toute l'année. On ne saurait imaginer d'endroit plus propice au gibier de toute espèce, aussi Minéri est-il le lieu le plus célèbre de Ceylan pour la chasse. En traversant les lieux, nous découvrons à chaque pas la trace d'éléphants, d'élans, de cochons sauvages, de léopards, qui prennent fort inutilement vis-à-vis de nous la peine de se cacher dans la forêt, car nous ne sommes point venus chasser d'aussi gros animaux. Par contre, nous trouvons du gibier de moindre dimension qui se laisse approcher de plus près : c'est le petit cerf de Ceylan, bas sur pattes et long à peine de deux pieds; des écureuils avec une queue beaucoup plus longue que toute leur personne; des lièvres marqués d'une tache noire sur la nuque; parmi le gibier à plumes, des paons, des perroquets, des poulets, des pigeons, des perdrix.

Toutes ces bêtes tombent successivement sous nos coups et fournissent à notre cuisine un aliment devenu nécessaire. Dans l'intérieur de Ceylan, le voyageur éprouve d'assez grandes difficultés à se nourrir; il ne trouve nulle part de viande d'aucune espèce, car tuer pour se nourrir est une idée abominable, repoussée par toute la population bouddhiste. Cette horreur d'ôter la vie au moindre animal est poussée si loin chez les bouddhistes, que c'est avec la plus grande difficulté que nous parvenons à acheter quelques maigres poulets, et même, dans certains endroits, les gens, sachant le sort que nous leur réservons, se refusent absolument à nous en vendre.

Parmi les animaux qui se montrent à nous de près sans que nous osions les faire figurer sur notre table, sont les singes, que nous rencontrons maintenant en assez grand nombre. Ce n'est pas qu'aucuns ne prétendent que le singe soit un morceau délicat, mais il semble qu'avec les idées actuellement répandues, manger du singe soit presque de l'anthropophagie. Nous nous contentons donc de les contempler et d'étudier leurs mœurs. A Habrana, à Minéri, nous en avions à côté de notre campement des troupes se livrant dans les arbres à des gambades prodigieuses. Ils paraissent former de petites sociétés composées de plusieurs familles et qui vivent dans la forêt à l'état distinct, sans se mêler.

A Pollanaroua, nous nous établissons, pour passer la nuit, sur la levée du grand étang qui baignait anciennement les murs de la ville. L'étang, par les atterrissements, est aujourd'hui resserré dans des limites bien moindres que celles qu'il avait autrefois. Dans cette saison, une partie de l'espace, recouvert par les eaux dans la saison des pluies, est même plus ou moins à sec. De loin, cette sorte de marécage nous avait paru convertie en une immense plantation de choux. Arrivés sur la chaussée, ce que nous avions pris d'abord pour des choux se trouve avantageusement transformé en une prairie de lotus, la belle plante aux larges feuilles et aux fleurs d'un rose léger. La partie de l'étang où les eaux sont encore profondes, restée vide de lotus, est fréquentée par des oiseaux pêcheurs et habitée par d'énormes crocodiles, que nous voyons nager languissamment, tantôt la tête seule hors de l'eau, tantôt la tête, les reins et la queue, ce qui leur donne l'air de grandes pièces articulées se montrant sur l'eau par parties détachées. Nous leur envoyons quelques balles, dont ils ne paraissent nullement s'inquiéter, et comme la hauteur de notre chaussée met nos bêtes, pour la nuit, complétement hors de leur atteinte, nous finissons par nous tenir vis-à-vis d'eux sur le pied de paix.

Pollanaroua, où nous sommes parvenus, est l'une des anciennes capitales de l'île. L'époque de sa splendeur paraît avoir été du IX° au X° siècle de notre ère. Elle avait succédé comme capitale à une autre ville plus au nord, Anourhadapoura, où nous nous rendrons bientôt. Sur le site où s'élevait autrefois Pollanaroua il ne reste plus que les ruines d'anciens édifices. Toute trace d'habitation a disparu ; la forêt a repris partout son empire. Telle est même l'épaisseur des bois, que pour explorer certains monuments les Anglais ont dû abattre les arbres qui avaient pris racine sur leurs murs et les couvraient d'un rideau impénétrable.

Les ruines sont de diverses sortes : il y a des palais, des temples, des *dagobas*. Quelques-uns des monuments, d'une architecture particulière, avaient une destination qu'il est assez difficile de s'expliquer aujourd'hui. Ils sont tous fort mal conservés. On ne retire de Pollanaroua aucune impression de grandeur et de majesté, tel que cela a lieu pour certaines villes ruinées ; sa destruction n'a dû priver l'humanité d'aucun monument dont la perte soit irréparable, d'autant plus que les véritables chefs-d'œuvre qu'elle possédait sont encore intacts. Ce sont trois Bouddhas sculptés sous le règne de Pakrama-Bahou, au XIIe siècle de notre ère. Le plus grand des trois est couché sur le côté droit et endormi; il a quarante-cinq pieds de long; le second, qui a vingt-trois pieds de haut, est debout, les bras croisés sur la poitrine; enfin le troisième est assis, les jambes croisées sous lui. Ces trois grands monolithes sont, à côté les uns des autres, taillés dans la paroi d'un rocher. Ils réalisent parfaitement, surtout le Bouddha assis, le type d'abstraction que les bouddhistes ont conçu pour leur maître.

III

ANOURHADAPOURA

Un serpent. — Les *dagobas* d'Anourhadapoura. — L'arbre sacré de Bouddha. — Les prêtres bouddhistes.

Septembre 1872.

De Pollanaroua nous revenons d'abord sur nos pas jusqu'à Damboul; puis nous prenons la route du nord pour nous rendre par Mihintellé à Anourhadapoura.

Nous sommes plus que jamais en forêt, dans la jongle. Autour de nous se dresse une haie infranchissable. Ce qu'on appelle la jongle est ici un épais fouillis d'arbres, de lianes, de plantes grimpantes, de parasites flexibles, dont rien en Europe ne peut donner l'idée. Sans cela, la forêt dans laquelle nous sommes enfermés n'aurait point d'aspect véritablement original. Il n'y a aucun de ces arbres, palmiers ou autres, qui sont le signe de la végétation tropicale et l'ensemble n'éveille nullement l'idée qu'on pourrait se faire d'une réunion d'essences inconnues.

Nous continuons à ne guère rencontrer d'habitants. Lorsqu'il nous arrive de nous arrêter à une des maisons de repos que l'administration anglaise a placées le long de la route nous sommes presque toujours isolés dans la jongle. Cette situation nous procure même des visiteurs assez inattendus. Nous venions, dans une de ces maisons, de nous asseoir pour déjeuner lorsqu'un petit lézard gris tombe tout à coup du plafond au beau milieu de la table. Sous les tropiques, ces petits lézards sont des sortes d'animaux familiers qui hantent l'intérieur des maisons, et qui le soir se promènent à la lumière, sur les murailles blanchies, sans que personne y fasse attention. Cependant une familiarité telle que celle de notre visiteur à table est chose assez peu commune pour qu'après l'avoir fait déguerpir, nous donnions un coup d'œil au plafond d'où il s'est jeté. Là, roulé autour d'une poutre, nous voyons un gros serpent, qui, la tête pendante, a l'air de se demander s'il se précipitera à la suite du lézard. Sur ce, comme bien vous pensez, grand remue-ménage;

nous cherchons un fusil, des bâtons, mais l'animal, plus prompt que nous, passe à travers le toit et nous échappe.

A Elagamouwa, nous laissons nos charrettes sur la route pour aller voir à Aukana-Wihara, à trois heures de marche dans les bois, une statue de Bouddha sculptée dans le roc. Cette statue est du même style que celles de Pollanaroua, et, d'après la tradition, serait due au même roi. Le Bouddha est debout; il a environ quarante pieds de haut. Il apparaît complétement isolé, car il n'est relié au rocher d'où il a été tiré que par deux points d'attache sur le derrière. Cette belle statue nous confirme dans l'opinion qu'il a anciennement existé dans l'île une grande école de sculpture bouddhique.

Anourhadapoura était la capitale des rois de Ceylan avant qu'ils ne se fussent transportés à Pollanaroua. Il reste d'elle encore moins de vestiges que de cette dernière. Il n'y a même plus ici, comme à Pollanaroua, de constructions architecturales ayant des parties extérieures assez intactes pour qu'on puisse se faire une idée exacte de l'état primitif. On ne voit guère que des assises, presque partout recouvertes par la forêt. Les restes les plus importants sont le palais de bronze et les *dagobas*. Ce prétendu palais de bronze n'est rien moins que ce que son nom indique : c'est une sorte de champ dans lequel sont fichées en terre des rangées de pierres debout, hautes de douze pieds. Personne ne peut trop dire comment ces pierres entraient dans la construction d'un palais.

L'ancienne splendeur d'Anourhadapoura est surtout accusée par ses *dagobas*, dont les deux principales atteignent respectivement deux cent quarante-neuf et deux cent quarante-quatre pieds de haut. Les *dagobas* bouddhiques étaient destinées à recouvrir des reliques. L'une de celles d'Anourhapoura a été bâtie pour renfermer un os de Bouddha. Les *dagobas* ont la forme d'un dôme; elles sont surmontées d'un petit clocher ou flèche. L'intérieur est plein, formé d'un immense agrégat de briques; l'extérieur était revêtu de pierres taillées, ornementées de divers motifs d'architecture; mais à Anourhadapoura le revêtement des grandes *dagobas* a été enlevé, et elles ne subsistent plus guère qu'à l'état de monticules couverts d'arbres et de broussailles.

Pourtant l'objet du plus grand intérêt, à Anourhapoura, est un arbre, le Sri Maha Bodin Wohansé, ce qui, traduit librement, veut dire : Monseigneur l'arbre sacré de Bouddha. Cet arbre est entouré d'une incroyable vénération par les bouddhistes. Il appartient à une variété de figuier d'Inde, le *ficus religiosa*, et a été planté par le roi Devenipiatissa, deux cent quatre-vingt-huit ans avant l'ère chrétienne. Le figuier d'Anourhadapoura provient d'un rejeton pris, dans la vallée du Gange, à l'arbre sous lequel Bouddha était assis au moment même où il s'était trouvé illuminé de la suprême sagesse. Son grand âge n'est point une légende : Ceylan, contrairement à l'Inde, a des chroniques historiques parfaitement authentiques; le Mahawanso, chronique en vers palis des plus anciennes, fait une mention détaillée de la plantation du figuier. A travers toute l'histoire de Ceylan, les chroniques subséquentes ne cessent de parler de l'arbre sacré, et à chaque règne énumèrent les dons et les hommages qu'il reçoit des rois et des personnages illustres. Fa-Hian, le pèlerin chinois venu à Ceylan au ve siècle de notre ère, en parle de son côté dans ses récits.

Le Sri Maha Bodin Wohansé est renfermé dans un enclos de murs, dont une confrérie de prêtres bouddhistes a la clef. On ne vous y laisse pénétrer qu'en vous surveillant de fort près, de peur que vous n'enleviez un rameau ou même une simple feuille, ce qui serait le plus horrible des sacriléges. L'arbre se projette en plusieurs troncs de deux terrasses superposées dont on l'a ceint successivement pour le soutenir. Il n'a rien de bien colossal. Son tronc et les rameaux qui s'en détachent ne suggèrent point l'idée de son grand âge. Le figuier d'Inde est un arbre dont le bois est peu résistant; il périt facilement, mais par contre il pousse facilement des rejetons, et, s'il est certain que la bouture mise en terre il y a plus de deux mille ans est bien la mère de l'arbre que nous voyons, il sera probablement tout aussi certain que le tronc primitif est depuis longtemps tombé en poussière et que les parties actuelles sont des rejets d'une pousse postérieure.

Les prêtres bouddhistes de l'intérieur de Ceylan sont probablement, en Asie, ceux qui se rattachent aujourd'hui le plus directement au bouddhisme indien. Le bouddhisme est venu de l'Inde à Ceylan, plusieurs siècles avant l'ère chrétienne. On peut donc supposer que la forme du bouddhiste cingalais représente le mieux ce que devait être le bouddhisme primitif.

Les prêtres cingalais sont vêtus à l'image de Bouddha, tel qu'on le trouve figuré dans les monuments. Ils n'ont autour du corps qu'une simple pièce d'étoffe jaune qui laisse à découvert le bras et l'épaule droits; ils vont nu-pieds et ont la tête rasée. Leur culte a un grand cachet de simplicité; quelques prières et des offrandes de fleurs devant les reliques ou aux pieds des statues de Bouddha paraissent en être les principaux actes. Le culte bouddhique a ici des formes autrement simples et archaïques que celles que nous lui avons trouvées dans les couvents du nord de la Chine, de la Mongolie ou du Japon.

IV

PÉSALÉ

Lenteur de la marche. — Les coulies tamouls. — Arrivée à Manar. La pêche des perles. — Les baobabs. — Nous louons une barque pour passer dans l'Inde.

Septembre 1872.

Nous quittons Anourhadapoura directement pour Manar, la dernière grande étape que nous ayons à faire pour sortir de l'intérieur de Ceylan et revoir la mer. Nous recommençons notre marche lente et processionnelle à travers les bois. Seulement le terrain est devenue plus aride, l'eau est rare; le pays, s'il se peut, est encore moins habité que tout ce que nous avons vu. Dans les chemins sablonneux et malaisés que nous suivons maintenant, avec l'eau que nous ne rencontrons que de loin en loin, nous sommes obligés de marcher presque sans temps d'arrêt depuis le matin jusque fort avant la nuit. Mais nos bœufs compensent le temps qu'on les fait marcher par la diminution de vitesse. Nous voici venus à ne plus faire que deux kilomètres à l'heure. La nuit, on se réveille à moitié; quand on se sent voituré à ce pas de tortue et qu'on entend pendant de longues heures les bouviers se renvoyer de l'un à l'autre, sur le même air plaintif et traînant, les strophes de quelque interminable chant cingalais, on referme les yeux comme si l'on ne devait plus les ouvrir. C'est à donner l'idée du sommeil éternel.

La route que nous avons prise est celle que suivent les coulies tamouls qui viennent de l'Inde travailler aux plantations de café. La récolte du café approche, et en ce moment la migration des coulies est considérable; nous ne cessons d'en rencontrer voyageant par bandes, hommes, femmes et enfants. Ce sont gens fort doux, sobres et économes. On ne peut s'empêcher d'avoir pour eux de la sympathie, quand on les voit ainsi entreprendre cette migration pour ramasser un petit pécule qu'ils consacreront ensuite, dans leur village, à l'achat d'un attelage de labour ou à la location d'un coin de terre. Chacun porte sur sa tête son petit bagage, sa provision de riz. Nous les rencontrons, sur le midi ou vers le soir, groupés sur les bords d'un ruisseau ou d'une flaque d'eau, ayant allumé des feux et faisant cuire leur riz. Les détails de la vie ici sont peu compliqués. Le riz mêlé au piment avalé avec quelques gorgées d'eau, toute la bande se remet en marche, le sac sur la tête, ou, si c'est le soir, s'étend au beau milieu de la route, sans autres couvertures que quelques pièces de cotonnade, qui forment au clair de lune comme autant de taches de neige.

Tout cependant a un terme. A force de cheminer dans la forêt, nous finissons par en sortir et par nous trouver sur la plage sablonneuse qui, du côté de Manar, forme le littoral. Manar est située sur l'île du même nom, séparée de Ceylan par une lagune que nous franchissons moitié à gué, moitié en bateau, ayant laissé sur la rive cingalaise les bœufs et les bouviers qui, pendant dix-sept jours, nous ont voiturés à travers les bois de l'intérieur.

La pêche des perles se fait d'ordinaire dans le voisinage de Manar; elle eût été pour nous un spectacle curieux; malheureusement elle a cessé depuis plusieurs années. Il paraît que l'huître perlière, plus capricieuse et moins sédentaire que l'huître comestible, se déplace et change de lieu à l'occasion, si bien que, dans ces derniers siècles, on a eu ainsi plusieurs périodes où, comme aujourd'hui, les bancs sur lesquels se fait la pêche sont restés vides.

N'ayant rien à voir à Manar, nous en repartons presque aussitôt pour Pésalé, qui lui sert de port. L'île de Manar, que nous traversons pour gagner Pésalé, n'est qu'un banc de sable recouvert d'arbres épineux. De ce sol aride et du milieu de cette chétive végétation on voit cependant s'élever de gigantesques baobabs. Ce sont de singuliers arbres. Le tronc est énorme, mais à peu d'élévation au-dessus du sol il se divise en un paquet de courtes branches qui ne portent que fort peu de rameaux et de feuillage. On ne s'explique pas qu'avec si peu de feuillage sur un sol si aride, l'arbre puisse atteindre de si colossales dimensions.

Mais voici Pésalé, trois ou quatre cabanes couvertes de feuilles de palmier, sur une plage sablonneuse. Au large sont mouillés deux ou trois des navires qui servent à amener de l'Inde les coulies des plantations de café. Plus près sont amarrées des *dhoneys*; nous en choisissons une; c'est une barque non pontée, avec mât ayant voile latine ; pour équipage, six robustes Maures. Nous consultons l'état de la mer et du vent, et, les vagues paisibles nous faisant augurer un heureux voyage, ordre est donné de hisser la voile et de mettre le cap sur l'Inde.

V

L'INDE

I

RAMISSERAM

Arrivée dans l'île de Ramisseram. — Nous couchons sur le *chat-trom*. — Le temple de Ramisseram. — Un brahmane perverti. — Le pont d'Adam. — Nous passons sur la terre ferme.

Septembre 1872.

Les vents nous ayant tenu ce qu'ils nous avaient promis, en huit heures la *dhoney* que nous avions prise à Pesalé nous mène de l'île Manar à l'île de Ramisseram, sur la côte de l'Inde. Nous arrivons au clair de lune, par une calme et belle nuit des tropiques. Descendus à terre, nous nous trouvons sur la grève sans savoir où aller prendre gîte. Sur ce point reculé, il n'y a aucun Européen auquel on puisse demander l'hospitalité : la civilisation hindoue n'a point encore fait le pas qui consiste à inventer les auberges ; en outre, il ne faut point songer à aller se réfugier dans les sortes de trous qui servent de maison aux indigènes. Nous nous préparions à passer la nuit à la belle étoile, lorsqu'un des Maures qui nous ont amenés offre de nous conduire au *chattrom*. Nous nous laissons conduire. En route, on nous apprend que dans le sud de l'Inde on donne le nom de *chattrom* à des lieux d'abri et de repos érigés par les villes ou des personnes charitables, et mis gratuitement à la disposition de tout venant. C'est là une fort bonne institution, dont nous profiterons cette nuit et non point pour la dernière fois.

Du reste, il ne faut pas imaginer d'établissement luxueux et compliqué. Le *chattrom* sur lequel nous nous étendons, la tête sur nos malles, est une plate-forme ou carré de maçonnerie élevé d'environ trois pieds au-dessus du sol. Des quatre coins de la plate-forme se dressent des piliers qui supportent un toit de feuilles de palmier. La plate-forme et son toit fournissent, sous le ciel de l'Inde, un abri jugé suffisant sans l'addition de murailles, de portes et fenêtres, et autres *impedimenta* du même genre. En ouvrant les yeux le matin, nous avons ainsi l'avantage de jouir, sans empêchement, de la vue de la mer et des arbres, et s'il faut .aire sa toilette en public, cela n'a rien d'embarrassant au milieu d'indigènes dont c'est là la coutume générale.

Notre *chattrom* se trouve situé à l'extrémité de la petite ville de Ramisseram, à une faible distance du temple qui donne à l'île sa célébrité et à la ville sa raison d'être. Ce temple est l'un des plus fréquentés de l'Inde. Il est consacré à Siva. Les pèlerins y affluent, apportant sur leur dos, à travers toute la péninsule, de l'eau du Gange. Les brahmanes versent cette eau sur les images sacrées des *linghams*, qui passent pour avoir été taillés et mis là par Rama lui-même. L'eau est ensuite recueillie et vendue un très-haut prix, comme ayant acquis par ce contact des propriétés merveilleuses.

Le sanctuaire où se font ces opérations est interdit aux gens de basse caste, et naturellement aux Européens, qui n'ont point de caste du tout. C'est un réduit obscur au centre des constructions. Nous nous consolons facilement de ne point y être admis, du moment qu'on nous promène dans les vastes galeries qui entourent le temple et en constituent la plus belle partie. On nous y donne pour guide un jeune brahmane qui sort d'une école de Madras et qui parle anglais avec une grande pureté. Cela fait un assez drôle d'effet en pareil lieu.

A la tournure de ses explications on pourrait soupçonner notre jeune brahmane d'être assez peu orthodoxe. Il est probable que l'éducation qu'il a reçue a plus ou moins entamé chez lui la foi aux vieilles croyances. Il ne fait nulle difficulté de nous donner force poignées de main, ce qui est une abomination de la part d'un homme de sa caste. Si, comme on le dit, il y a trois catégories à faire parmi les brahmanes, ceux qui repoussent tout contact corporel avec les étrangers comme une affreuse souillure, ceux qui s'y laissent aller, mais qui se hâtent de s'en purifier par des ablutions, et enfin ceux qui ne se préoccupent pas plus des ablutions que de la souillure, il faudrait sans doute ranger notre guide dans cette dernière catégorie des sceptiques et des pervertis.

L'île de Ramisseram n'est, comme l'île de Manar, qu'une sorte de dune ou de banc de sable peu élevé au-dessus du niveau des eaux. Ces deux îles de Manar et de Ramisseram, qui ne sont respectivement séparées des terres de Ceylan et de l'Inde que par une étroite lagune, se projettent dans la mer l'une vers l'autre, comme pour essayer de relier la grande île au continent. Elles arrivent ainsi à ne plus être éloignées que d'une vingtaine de milles; mais alors une série de bas-fonds et de bancs de sable à fleur d'eau, empêchant toute navigation par mer entre elles deux, vient encore établir de l'une à l'autre une sorte de lien. C'est là un point célèbre dans la mythologie hindoue; dans le Ramayana, l'imagination en a fait un pont au moyen duquel le héros du poëme, Rama, fait passer son armée de l'Inde à Ceylan pour la conquête de l'île. Les Arabes, venus plus tard, s'appropriant la conception hindoue en la transformant, au lieu de Rama y ont fait passer Adam, qu'ils ont envoyé voyager à Ceylan. C'est cette désignation de pont d'Adam donnée par eux qui a été adoptée et continuée en usage par les Européens. Là où les poëtes ont placé leur pont nous n'avons découvert, monté sur les dunes de Ramisseram, qu'une série de bancs de sable détachés, se projetant à la suite les uns des autres dans la mer, et à l'horizon se confondant avec elle.

Le temple et la ville de Ramisseram sont situés sur la rive de l'île qui regarde Ceylan. Sur la rive opposée, faisant face à l'Inde, se trouve la ville de Pomben. L'île de Ramisseram est petite, et il n'y a que quelques milles du temple à Pomben. La route que l'on suit pour aller de l'un à l'autre est celle que doivent prendre les milliers de pèlerins qui chaque année viennent de l'Inde débarquer à Pomben. Aussi la piété des anciens rajahs maîtres du pays a-t-elle accumulé sur cette route des travaux de toute sorte. Une chaussée pavée de larges dalles a été tracée; de chaque côté on a planté des banians; puis on a bâti de distance en distance des chapelles et de petits temples, construit des lieux de repos, creusé des piscines pour les pèlerins et des abreuvoirs pour leurs bêtes. Tout cela est encore debout, quoique tombant en partie en ruines depuis que les anciens rajahs ne sont plus là.

Pomben est bâti dans l'endroit le plus rétréci du détroit qui sépare l'île de Ramisseram du continent. En face de la ville, les Anglais ont creusé un chenal qui permet aux navires tirant une dizaine de pieds d'eau de passer dans le détroit, le long de la côte, sans aller faire au large le grand tour de Ceylan.

II

RAMNAD

Le rajah de Ramnad réduit à la position d'un *zemindar*. — La propriété dans l'Inde. — Le souverain, les *raïots* et les *zemindars*. — Le rajah de Ramnad mis sous tutelle par les Anglais. — Un secrétaire photographe.

Septembre 1872.

A Pomben, nous louons une barque pour passer sur le continent. Nous prenons terre à Deviapatam et partons aussitôt pour Ramnad, à huit milles dans l'intérieur.

Ramnad est l'ancienne capitale de la contrée. Elle a conservé son rajah. En apprenant qu'à Ramnad il y a encore un rajah, nous nous enquérons de sa position vis-à-vis du gouvernement anglais et de la nature des prérogatives qu'il a pu conserver. Il se trouve que nous touchons ainsi aux questions les plus difficiles de la politique de l'Inde. De prince souverain, le rajah de Ramnad a été réduit ou ramené par les Anglais au *status* d'un *zemindar*; c'est-à-dire que les Anglais lui ont enlevé toute action sur le gouvernement de son État — un pays ayant un peu plus de deux cent mille habitants — et qu'il n'a plus rien à voir dans les attributions qui constituent l'essence de la souveraineté ; ils ne lui ont laissé d'action indépendante qu'au point de vue fiscal pour la levée des impôts, sauf, bien entendu, à réapparaître, les impôts une fois levés.

Il faut en effet se rendre compte que dans l'Inde la propriété du sol n'est point conçue autrement que comme un attribut de la souveraineté. Le souverain est souverain, et *ipso facto* il est possesseur, maître du sol. Pourtant ce sol est couvert de populations qui le cultivent : quelle sera leur position par rapport à la terre et au maître de la terre? Le sol sera ainsi délimité et réparti que le village aura en propre la jouissance d'une certaine fraction territoriale. Là les limites seront fixes, on n'y touchera point, la coutume et la tradition feront que, de génération en génération, les mêmes villages auront les mêmes terres. Mais alors, dans l'intérieur du village, la terre restera la chose indivise de la collectivité ; l'idée d'un droit perpétuel propre à un homme quelconque du village, sur un coin de terre particulier, comme règle, n'existera pas.

Le paysan, le *raïot*, sur le champ qu'il cultive, ne sera donc qu'un tenancier, les termes et les conditions de sa tenue variant du reste considérablement. Or voici ce qui découle de cet état de choses : dans la redevance territoriale qu'il perçoit du *raïot*, le souverain ne prélève pas seulement, comme en Europe, l'impôt à titre de dépositaire de la puissance publique, il prélève encore la rente, le loyer de la terre à titre de propriétaire du sol. Aussi, dans l'Inde, la part que la terre paye au souverain est-elle en proportion de ce qu'elle produit beaucoup plus élevée que la part payée en Europe, où la notion de la propriété est différente.

Cependant, dans la plus grande partie de l'Inde, les rapports pour la redevance de la terre ne sont pas directs entre le souverain et les *raïots*. Il y a entre eux une classe intermédiaire, celle des *zemindars* ou des *talouquedars*. Dire avec précision quelle est la nature de cette classe, quels sont au juste ses droits et ses prérogatives, n'est pas chose facile, car du nord au sud, de l'est à l'ouest, cela varie à l'infini. En ne prenant que deux ou trois traits essentiels, les *zemindars* apparaissent assez bien comme formant une sorte de noblesse ou de classe aristocratique assise sur la terre. Leur origine sera à tous fort diverse. Tel sera sur sa terre pour y avoir été trouvé et laissé par le plus ancien conquérant du pays; tel y sera pour l'avoir reçue en don de ce même conquérant. Il pourra se faire ainsi que les différents maîtres qui auront successivement conquis ou régi le pays auront contribué à la formation de la classe des *zemindars*, en reconnaissant ou en assignant de temps en temps à de certaines personnes la jouissance d'une certaine fraction du territoire.

Quant aux prérogatives des *zemindars*, comme règle on ne trouve point qu'ils puissent prétendre à la nu-propriété du sol ni à un droit antérieur sur la terre, cela reste essentiellement l'apanage du souverain; mais on trouve qu'ils ont le droit de régler tout ce qui a rapport à l'assessement et à la levée de la redevance territoriale. En dehors de cela, ils pourront encore posséder certaines attributions d'administration et de justice, selon que le consentement, l'éloignement ou la faiblesse du souverain le leur permettront.

Le *zemindar* perçoit la redevance territoriale, mais le souverain n'a jamais entendu lui en laisser qu'une part ou tantième; un règlement intervient donc entre les deux, par lequel partage est fait. Le plus généralement, une somme fixe et une fois convenue, pour un certain nombre d'années, est arrêtée, que le *zemindar* paye au souverain, et c'est la différence existant entre ce qu'il paye ainsi et ce qu'il perçoit du *raïot*, qui, retenue par lui, constitue son revenu propre.

L'exacte appréciation des droits propres aux *zemindars* et aux *raïots* avec un équitable ajustement des rapports qui doivent exister entre les uns et les autres, et entre tous les deux et le souverain, sont certainement parmi les questions les plus ardues de la politique de l'Inde. Là il ne semble point qu'il y ait de règle générale, tout paraît divers et cas particulier. Toujours est-il que c'est dans cet ordre de choses que les Anglais ont été le plus de temps à s'éclairer, et qu'en attendant ils ont le plus tâtonné et le plus commis de fautes.

Aujourd'hui, après l'application de mesures différentes à des provinces différentes, et l'abandon et la reprise successive de systèmes opposés, la situation du gouvernement anglais vis-à-vis des populations établies sur le sol demeure différente dans les diverses parties de l'Inde. Dans le Bengale, une convention est intervenue en 1793 avec les *zemindars*, par laquelle la quotité de l'impôt à payer par eux à l'État a été fixée une fois pour toutes et à perpétuité. Les Anglais ne peuvent revenir sur cet arrangement, mais ils cherchent aujourd'hui à intervenir le plus possible en faveur des *raïots* pour les préserver contre les exactions des *zemindars*. Dans l'Oude, où prévalent les *talouquedars*, l'État a fait avec eux un assessement pour trente ans, se réservant, au bout de ce temps, d'en faire un nouveau, avec surélévation de la quotité de l'impôt, s'il y a lieu. Dans les présidences de Bombay et de Madras, l'assessement se fait généralement d'une manière directe avec les *raïots* ou les villages pour un nombre d'années déterminé. De tous les systèmes appliqués par le fisc, c'est ce dernier qui paraît offrir aux *raïots* le plus de protection et de garanties.

Quoique sur son territoire, dans la présidence

de Madras, le gouvernement anglais soit presque partout et pour toutes choses en rapport direct avec les populations, il est cependant certains rajahs qui ont été conservés. Dans la partie du pays où nous sommes débarqués, il en subsiste jusqu'à trois : les rajahs de Poudoucoutah, de Shevagonga, et enfin de Ramnad. Le gouvernement anglais a enlevé à ces rajahs les attributions administratives et les droits de justice ; toutefois, les maintenant sur leurs terres à titre de *zemindars*, il leur a laissé le soin d'asseoir et de lever eux-mêmes l'impôt. Mais alors une convention a été faite avec eux, par laquelle ils se sont engagés à verser chaque année au collecteur anglais, pour la part de l'État, une contribution fixe d'un certain nombre de roupies.

Pour le rajah de Ramnad en particulier, la somme qu'il doit payer au trésor a été ainsi fixée qu'il y a une assez large marge entre ce qu'il perçoit et ce qu'il paye. Avec le revenu qu'il peut se faire, il passerait pour un homme riche en tout pays. Malheureusement presque tous ces rajahs hindous sont la proie de parasites et de concubines. La dilapidation est énorme autour d'eux, et généralement leurs revenus, quels qu'ils soient, finissent par ne plus y suffire. C'est ce qui est arrivé au rajah de Ramnad. Il s'est trouvé un beau jour criblé de dettes et accablé de procès, dans l'impossibilité de verser au collecteur anglais sa redevance annuelle. Le gouvernement anglais, qui n'entend pas raillerie en pareille matière, lui a alors dépêché un administrateur qui s'est emparé de la gestion de ses biens et qui reste chargé de faire rentrer les impôts, pour les appliquer au payement des sommes dues à l'État. En attendant que l'État soit entièrement payé, l'administrateur anglais ne laisse toucher au rajah qu'un nombre de roupies tellement en dehors de proportion avec ce qu'il était accoutumé de dépenser, que, n'ayant plus possibilité de faire figure et de tenir son rang, il s'est renfermé dans sa maison et ne voit plus personne.

Le rajah ainsi abaissé n'en est pas moins l'héritier de gens qui ont autrefois joué un grand rôle dans ce coin de l'Inde. La domination des anciens rajahs s'étendait jusque sur l'île de Ramisseram. Ce sont eux qui étaient les protecteurs du saint lieu, qui veillaient à la sécurité des routes qui y conduisent. Dans le temple de Ramisseram, nous avons vu les statues de plusieurs d'entre eux érigées en signe de gratitude. Ramnad était ceinte de murailles ; les Anglais, au dernier siècle, n'ont pu y entrer qu'en faisant marcher une armée et qu'en employant le canon. De toute cette grandeur il ne reste plus rien ; mais le rajah n'en a point perdu le souvenir, et il prétend exercer ses anciennes prérogatives, au moins pour ce qui a rapport aux devoirs de l'hospitalité.

En apprenant notre arrivée dans sa bonne ville de Ramnad, il nous envoie son secrétaire, qui, après nous avoir installés dans la meilleure maison de l'endroit, nous promène par la ville dans une voiture attelée de deux magnifiques bœufs blancs. Notre secrétaire est un Tamoul fort intelligent, qui cumule plusieurs qualités, entre autres celle de photographe ; et même, après quelques heures de conversation, il ne fait aucune difficulté de nous avouer que la raison principale de sa présence auprès du rajah est son habileté comme photographe. Le rajah est grand amateur de photographie ; il se console de ses malheurs avec son secrétaire en faisant des portraits.

III

MADURA

La ville de Madura. — Les Tamouls. — Les castes. — Les signes religieux. — Les femmes surchargées de bijoux. — Monuments de Madura.

Septembre 1872.

Trois jours de route à travers un pays assez aride nous mènent de Ramnad à Madura. En approchant de Madura, la campagne devient plus verte et prend un aspect plus riant. Nous faisons les derniers milles de la route sous le feuillage d'arbres magnifiques. Madura passe pour une des plus jolies villes de l'Inde. A la suite d'un incendie, il y a quelques années, le collecteur anglais à ce moment en place entreprit de retracer les rues de la ville d'après des alignements réguliers, et de planter des arbres; il en est résulté une ville propre et coquette, noyée dans une ceinture de verdure.

Depuis que nous avons quitté Kandy, Madura est la première ville réellement importante et animée que nous rencontrions. Les Tamouls, avec lesquels nous avons fait connaissance à Ceylan en qualité de coulies, nous apparaissent ici sous un aspect beaucoup plus brillant. Nous sommes en effet au cœur de leur pays. Prenez une carte : partant du cap Comorin à l'extrémité sud de l'Inde, remontez sur la côte de Coromandel jusqu'à Palicut au nord de Madras, et sur la côte de Malabar jusqu'au nord de Mahé, tirez ensuite une ligne de l'un à l'autre de ces points à travers la péninsule, et vous aurez une sorte de triangle. Dans ce triangle on parle une seule et même langue, le tamoul. C'est une des langues du sud de l'Inde, qui n'a rien à démêler dans ses origines avec le sanscrit. On s'accorde à voir dans les Tamouls une partie des populations qui occupaient l'Inde avant l'arrivée des aryens. Ce qu'il y a de certain, c'est que les hommes au milieu desquels nous nous trouvons sont d'une tout autre race que les Hindous de la vallée du Gange. Ils sont beaucoup plus noirs de peau. On ne voit pas non plus parmi eux de profil grec ni de nez aquilin. Leur visage a quelque chose d'épaté.

En revanche, ce sont pour la plupart de beaux hommes, bien membrés.

S'ils ne sont ni de race ni de langue aryenne, les Tamouls ne s'en sont pas moins laissé complétement pénétrer par les idées religieuses des aryens. Il n'y a pas de sectateurs plus zélés qu'eux de la religion brahmanique. On voit partout dans leur pays de grands temples, et des chapelles à tous les carrefours avec quelque image de divinité. De plus, tout ce qui a rapport aux divisions de la population par castes est ici la loi des moindres actes de la vie. Depuis que nous avons mis le pied sur le sol de l'Inde il n'y a point d'instant où le fait ne se révèle à nous. Nous entendons dire sans cesse : Il n'est pas de ma caste, je perdrais ma caste, quelle est sa caste? Ce sont à tout moment gens qui ne veulent point se toucher ni communiquer ensemble, comme étant de castes différentes. C'est ainsi que l'ustensile le plus indispensable à un homme de religion brahmanique, et que nous voyons tous nos Tamouls porter constamment avec eux, est un petit vase en cuivre destiné à puiser et à contenir l'eau à boire. Boire ailleurs que dans son propre vase, et s'exposer par conséquent à se servir d'un ustensile qui aura peut-être été souillé par les lèvres d'un homme de basse caste, est la chose dont un homme de haute caste se gardera avec le plus grand soin.

De même pour le manger. Pour rien au monde les gens de certaines castes ne mangeraient avec ceux de certaines autres, et surtout avec nous. Nos charretiers, quand nous faisons halte au milieu du jour, à l'ombre de grands arbres, selon la coutume hindoue, font généralement cuire leur riz le plus loin possible de nous. Nous avions cru d'abord que c'était par respect ; nous nous sommes enfin aperçus que c'était pour éviter notre contact. Un jour que nous leur avons envoyé de notre meilleur *carry*, ils l'ont absolument repoussé pour ne point se souiller en portant les lèvres à un riz préparé par nous.

Aucune différence ne s'accuse à première vue entre les hommes des diverses castes. Tout le monde va aussi peu couvert que possible. Le seul vêtement obligé est pour chacun une pièce d'étoffe blanche qui se noue autour des reins et qui, pour les plus pauvres, ne dépasse guère les dimensions de la feuille de vigne. Les brahmanes ne sont pas autrement vêtus que les autres. On finit cependant par les distinguer assez bien à leur peau généralement plus blanche et surtout à une petite corde qu'ils portent passée en sautoir sur la poitrine.

Rien n'est facile, par exemple, comme de reconnaître la secte religieuse à laquelle un homme appartient. Chacun porte ici sa religion écrite sur son front. Selon les sectes, ce sera soit un cercle rouge, ou noir, ou jaune, de la dimension d'un grand pain à cacheter, soit des lignes horizontales, soit une simple ligne perpendiculaire qui descend du sommet du front à la racine du nez.

De beaucoup les plus communes sont les deux espèces de signe qui désignent les sectateurs de Vichnou et de Siva. Les vichnouistes se tracent sur le front, avec un composé liquide, une figure en forme de trident; la ligne du milieu du trident est généralement jaune, les lignes latérales, blanches. Quelques-uns font prendre à cette figure des dimensions telles qu'elle occupe une grande partie du front et qu'elle donne alors à celui qui la porte un air étrange et même quelque peu féroce. Les sivaïtes, eux, se servent exclusivement de cendre de bouse de vache pour se marquer. On voit ici sur les murs des gâteaux de fiente de vache qui sèchent au soleil; avec la cendre obtenue en les brûlant, les sivaïtes se tracent des lignes ou des barres horizontales, et non plus seulement sur le front, mais encore sur les bras, la poitrine, l'estomac. La première chose que fait le Tamoul après ses ablutions, c'est donc de se marquer le front ou de se barbouiller le corps, et on ne rencontre guère de gens qui, avant de sortir de chez eux, n'aient procédé à cette sorte de toilette.

Les femmes ont d'autres habitudes. Sauf le petit cercle rouge ou jaune qu'elles portent quelquefois, on ne les voit point s'orner des signes religieux, mais elles se dédommagent du côté des bijoux. Elles s'en mettent partout. Elles portent des bagues aux doigts des pieds et des mains; elles ont des bracelets et des anneaux aux chevilles, aux poignets, aux bras; elles se percent la cloison du nez et les narines pour y passer des anneaux. Les oreilles sont arrangées pour porter tout un écrin; le lobe inférieur, déchiqueté et tombant, recevra un bijou rond spécial; le pavillon, percé dans tout son contour, prendra des bijoux accessoires de forme variée. Le plus souvent, la femme a ainsi sur elle toute la fortune de la famille. Le Tamoul qui thésaurise et qui petit à petit accumule du métal au lieu de l'enfouir, le convertit en bijoux et le donne à porter à sa femme.

Chez les Tamouls, la coutume que les musulmans ont introduite dans l'Inde de tenir les femmes à la maison est moins observée qu'ailleurs, et les femmes, dans les rues de Madura, forment une portion notable de la foule qui circule. Les femmes ici vont généralement vêtues d'étoffes rouges ou bleues, pendant que les hommes portent tous des cotonnades blanches. Ce mélange de vêtements à couleurs tranchées, avec les corps peints et marqués des hommes, les têtes et les membres tout chargés de bijoux des femmes, donnent à la population tamoule un aspect vraiment pittoresque.

La ville de Madura possède quelques-uns des monuments les plus intéressants du sud de l'Inde : le temple de Minaski, le *choultry* et l'étang de Trimal-Naïak, l'ancien palais du même roi, transformé par les Anglais en cour de justice. Le temple de Minaski, avec ses portes surmontées de hautes pyramides et l'ensemble de ses vastes constructions, est un des meilleurs spécimens du style d'architecture qui a prédominé dans cette partie de l'Inde. Le temple est précédé, du côté de sa grande entrée, par le *choultry* de Trimal-Naïak, un édifice en forme de portique, à rangées de colonnes, quelque chose comme des propylées. Les colonnes, au nombre de cent vingt-huit, sont en granit, ornementées, de la base au sommet, de sculptures en bas-relief ou en ronde bosse. Cet édifice est dû à Trimal-Naïak, un grand bâtisseur qui régnait à Madura dans la première moitié du XVII° siècle. Les statues du roi et de ses six femmes se voient au centre du *choultry*, le long des colonnes. L'étang creusé par le même roi est à un mille au sud de la ville. Il est entouré par un mur en granit, avec de grands escaliers descendant jusqu'à l'eau ; au milieu, sur un îlot, s'élève un petit temple de forme pyramidale et d'un galbe gracieux.

IV

TANJORE

La poste à bœufs. — Trichinopoly et son roc. — Le grand temple de Shirângham, en partie habité par les singes. — Le pays de Tanjore confisqué par les Anglais. — Le grand temple de Tanjore. — L'architecture du sud de l'Inde.

Septembre 1872.

Depuis que nous sommes dans l'Inde, nous avons dû continuer à nous servir de charrettes à bœufs. En changeant presque chaque jour d'équipage et en prenant alors des bœufs frais, nous sommes parvenus à dépasser sensiblement les vitesses de Ceylan; cependant voici encore mieux. De Madura à Trichinopoly, nous trouvons un service de poste organisé; la charrette primitive se transforme en une sorte de boîte suspendue sur des sortes de ressorts, et, de huit en huit milles, un troupeau de bœufs stationné sur la route nous fournit un relai. Les bœufs vont au trot. Imaginez cela! Que si par hasard leur pas vient à se ralentir, le cocher, en tirant la corde qu'il leur a passée dans le nez et en les pinçant avec force à la naissance de la queue, les remet de suite à la course. Quelque étonnant que cela soit, les relais succèdent rapidement aux relais, et nous franchissons en vingt-deux heures les quatre-vingt-huit milles anglais qui séparent Madura de Trichinopoly.

Trichinopoly est signalé au loin par un roc, une sorte de gigantesque caillou de quatre cents pieds de haut, qui se trouve là isolé dans la plaine. Sur une plate-forme due à un brusque rétrécissement du roc un peu avant le sommet, on a bâti un grand temple, et sur le point tout à fait culminant on a placé un de ces petits édifices élégants comme on en voit ici : un groupe de colonnes disposées en carré sans murailles et supportant un toit plat. Du sommet du roc, on a une vue magnifique sur les rizières et les palmiers luxuriants qui couvrent la plaine du Cauvery. De là aussi on découvre à ses pieds le temple de Shirangham, bâti dans une île à laquelle donnent naissance le Cauvery et le Coleroun.

Shirangham forme un ensemble colossal. Les grands temples que nous voyons depuis Ramisseram ne consistent point en des bâtiments circonscrits, comme la cathédrale gothique ou le temple bouddhique, mais comprennent au contraire des constructions diverses, disposées dans l'enceinte rectangulaire de hautes murailles extérieures. Ce sont des séries de galeries avec colonnes, de vastes salles couvertes avec des espaces vides ou des cours, et encore de grandes piscines pour les ablutions.

A l'opposé de ce qui se voit dans presque tous les édifices religieux, le saint des saints, le sanctuaire où est la statue du dieu, quoique placé au milieu des constructions, n'est cependant point ici mis en vue ou en relief. Au lieu d'être le morceau de résistance, ce n'est le plus souvent qu'une simple niche ou chapelle assez insignifiante, qui ne se découvre pas plus du dehors que du dedans. Les parties qui attirent le plus les regards et donnent à l'ensemble le cachet de grandeur qu'il peut avoir sont situées à l'extérieur et aux côtés de l'enceinte. Elles consistent en des pyramides qui surmontent les portes par lesquelles on pénètre dans l'intérieur. Ces pyramides atteignent, dans les grands temples, des hauteurs considérables; elles rappellent un peu la forme du pylone égyptien. De la base au sommet elles sont couvertes d'un fouillis de sculptures représentant des figures grotesques ou difformes de dieux quelconques. Au dehors de l'enceinte, à côté d'une des portes, on est sûr de voir les chars massifs et lourdement sculptés qui servent, pendant les processions, à voiturer la statue du dieu par les rues et, en pénétrant dans les cours, les éléphants que le temple entretient pour aller au dehors recueillir les offrandes.

A Shirangham il y a sept enceintes successives. Les premières sont occupées par les brahmanes. Ils ont là leurs maisons, et, comme ils forment une population considérable à laquelle se sont encore adjoints des gens de boutique et de métiers, la meilleure idée qu'on puisse avoir de Shirangham est celle d'une petite ville avec un édifice sacré au milieu.

Concurremment avec sa population humaine, Shiranghàm abrite toute une population de singes. Ces messieurs sont là parfaitement chez eux, à juger par la tranquillité avec laquelle ils se promènent dans les rues et du sans-gêne qu'ils montrent en grimpant sur les parties les plus sacrées du temple. Étant nous-mêmes montés sur le toit d'une des galeries, pour juger de l'ensemble des constructions, notre guide pousse un cri particulier. Ce cri est celui que les singes sont accoutumés de voir suivre d'une distribution de vivres, et les voici qui accourent de tous côtés. Nous en avons bientôt au moins deux cents, rangés en cercle autour de nous; mais, comme nous n'avions rien prévu de pareil, nous sommes sans le moindre rogaton à leur offrir. Après être restés assez longtemps dans l'attente, voyant que nous nous retirons sans rien leur donner, ils prennent eux-mêmes le parti de se disperser, quoique de fort mauvaise humeur.

Nous étions arrivés à Trichinopoly allant en poste avec des bœufs; nous en repartons en chemin de fer pour Tanjore.

Tanjore, jusqu'en 1855, possédait un rajah. En 1855, le rajah régnant vint à mourir sans enfants mâles. D'après la loi hindoue, l'adoption confère les mêmes droits que la naissance : le fils par adoption est donc aussi strictement l'héritier que le fils par le sang. Mais ce n'est point ainsi que l'entendait alors la compagnie des Indes. Celle-ci avait au contraire pour jurisprudence que, les héritiers mâles et du sang venant à manquer, la principauté avec tous les droits afférents devait lui faire retour comme au souverain pouvoir et au suzerain du pays. Le rajah mort, la compagnie ne trouvant pas devant elle d'héritier mâle, sans se préoccuper autrement des droits des filles ou des héritiers adoptifs, a tout simplement déclaré le Tanjore annexé à ses terres, et depuis lors c'est un collecteur anglais qui administre le pays.

Ce refus systématique et généralisé de reconnaître aux princes hindous le droit d'adoption est une des causes qui ont contribué à amener la grande révolte de 1857. Vers l'époque où le rajah de Tanjore mourait sans héritiers naturels, plusieurs autres princes hindous, et en particulier des princes de sang mahratte, mouraient dans le même cas. De même que pour le rajah de Tanjore, annexion de leurs terres ou retrait complet de leurs pensions. De là des ennemis implacables, et en particulier Nana-Saïb, héritier adoptif du Peshwa mahratte. Profitant de la leçon, le gouvernement de la reine, aujourd'hui substitué à la compagnie, a renoncé à de pareilles prétentions. Il a absolument reconnu aux princes hindous le droit d'adoption, et si le rajah de Tanjore était seulement mort quelques années plus tard, au lieu du collecteur anglais, ce serait un de ses gendres ou tout autre héritier adoptif que nous trouverions trônant à Tanjore.

Le dernier rajah a laissé derrière lui seize veuves et deux filles, auxquelles les Anglais ont fait des pensions. Tout ce monde a continué à vivre dans le palais, qui a été conservé dans son ancien état. On trouve là, dans les cours, des rangées d'éléphants, puis une ménagerie, ce qui est le grand objet d'amusement des princes de l'Inde. Dans l'intérieur, les salles d'audience et de réception qu'on visite sont meublées d'une façon qui force à rire. C'est un incroyable assemblage de bimbeloterie européenne : des verres de quatre sous, des pendules de Nuremberg, des joujoux de la foire de Saint-Cloud.

Le plus beau temple de la religion brahmanique de toute l'Inde est le grand temple de Tanjore. Ici c'est la pièce du milieu, servant d'abri à la divinité, qui est heureusement la partie capitale et mise en relief; elle s'élève isolée au milieu de constructions accessoires et forme un monument puissant. La partie inférieure se compose d'un solide carré de quatre-vingt-deux pieds au côté, surmonté d'une construction pyramidale qui porte la hauteur totale de l'édifice à deux cents pieds. Le carré du bas et la pyramide du haut sont extérieurement, pour l'apparence architecturale, divisés en étages ornementés de moulures et de fenêtres avec colonnettes et chapiteaux.

En face du temple de Tanjore, on est frappé plus que partout ailleurs de l'air de ressemblance qui s'accuse entre le style de l'architecture hindoue et celui de l'architecture grecque. Il faut forcément que l'un ait pris et que l'autre ait donné. Mais alors de quelle époque datent les commencements de l'architecture de l'Inde? D'après les travaux les plus récents, il paraîtrait que l'on ne trouve aucune trace de véritable architecture dans l'Inde antérieurement au III° siècle avant notre ère. On ne connaît du moins aucune ruine qui remonte au delà, et même les plus anciens monuments de l'Inde seraient bouddhiques; les gens de religion brahmanique paraissant n'avoir commencé à construire qu'assez longtemps après les bouddhistes.

Les grands temples brahmaniques que nous rencontrons dans le sud de l'Inde sont relativement récents; les plus vieux ne remontent pas au delà du X° siècle de notre ère. Il y a du reste des styles fort différents dans l'architecture de l'Inde. Le style du sud n'est pas le même que celui qui a fleuri dans la vallée du Gange et dans d'autres parties de la péninsule. La classification de ces divers styles, leur parenté ou leur filiation, sont autant de questions encore assez mal élucidées. Quoi qu'il en soit, il n'y a qu'à comparer l'âge des monuments de l'Égypte et de la Grèce avec l'âge de ceux de l'Inde, pour voir que ce dernier pays n'est entré que bien après les deux autres dans la voie des grandes constructions; par conséquent, s'il y a eu emprunt, c'est l'Inde qui forcément a emprunté aux deux autres.

V

PONDICHÉRY

Karikal, possession française. — Petit nombre des Français. — Esprit de l'administration française dans l'Inde. — Pondichéry.

Octobre 1872.

Le chemin de fer qui nous a menés de Trichinopoly à Tanjore nous mène aussi de Tanjore à Négapatam, sur la côte de Coromandel. Là le chemin de fer prend fin, Negapatam étant tête de ligne, et, pour continuer notre route vers le nord le long de la mer, nous devons reprendre des charrettes et des bœufs.

A six milles de Negapatam, nous rencontrons un indigène en uniforme, qui a sur la poitrine une plaque avec une inscription en français. Nous venons de mettre le pied sur le territoire français de Karikal. Il est bien petit ce territoire. Il ne figure guère sur la carte de l'Inde que comme une tête d'épingle enchâssée au milieu des possessions britanniques; mais il est tout entier composé de terrains d'alluvion, arrosés par des dérivations du Cauvery; la fertilité de son sol est des plus grandes et, malgré son exiguïté, il renferme 96 000 habitants. La ville de Karikal a un air de capitale au petit pied qui n'est point messéant. Faisant face à la rue principale, s'élève la maison du gouvernement; dans le voisinage sont des édifices publics, des écoles, des églises. La population indigène a rangé ses maisonnettes le long de rues se coupant à angle droit. Tout cela est fort propre et annonce un grand bien-être.

Le nombre des Français de France ne dépasse guère la douzaine. Il y a le chef de service, qui fait fonction de gouverneur, un chef de bureau qui prend le titre de chef des détails, un juge, un procureur de la république, un médecin de marine, un commissaire de police, un sous-lieutenant à la tête du détachement des cipayes, deux ou trois religieux qui tiennent un collége, autant de civils qui combinent tous les genres de commerce avec toutes les sortes de professions. Tous ces braves gens réalisent quelque chose comme le souhait de César:

chacun, tout petit en soi qu'il est, n'en est pas moins le premier dans son emploi. On dépend de Pondichéry, qui est à trois jours de marche avec des bœufs, à travers le territoire anglais, un voyage qu'on ne fait qu'à la dernière extrémité.

Le sous-lieutenant qui commande les cipayes et le commissaire de police composent à eux deux tout le contingent militaire fourni par la race conquérante. Les cipayes du sous-lieutenant et les policiers du commissaire sont, sans exception, des indigènes. Ces bons cipayes, malgré leur pantalon à la zouave, ont un air paterne qui ôte toute idée qu'ils puissent jamais servir à autre chose qu'à monter la garde à la porte du chef de service. Voici au moins une colonie française où ne fleurit point le militarisme. Un gouvernement dans les mains d'une douzaine d'hommes de race blanche maintenant l'ordre au milieu de cent mille individus de race étrangère est certes un type de gouvernement civil. Quand M. le chef de service fait sa promenade par les rues de sa capitale et va donner au bazar et aux écoles le coup d'œil du maître, sans autre pompe que le parapluie qu'il ouvre contre le soleil, les respects qui l'accueillent partout prouvent que la domination française à Karikal s'appuie sur la sympathie des populations et non point sur la force.

Les habitants de cette partie de l'Inde n'ont eu, depuis des générations, de choix possible qu'entre deux dominations : la française ou l'anglaise. On ne saurait dire, au cas où nous nous fussions rendus maîtres de toute l'Inde à la place des Anglais, si les indigènes eussent préféré notre gouvernement au leur ; ce qui est certain, c'est que les indigènes des parcelles territoriales restées à la France préfèrent la domination française à celle que les Anglais exercent sur le reste du territoire. La raison en est simple : ils payent moins d'impôts et sont laissés plus à eux-mêmes. Les indigènes soumis à l'Angleterre font partie d'un vaste empire qui a de grandes armées, une dette publique considérable, qui entreprend de grandes transformations dont ses sujets doivent payer les frais et subir le contre-coup. Les indigènes du territoire français sont gouvernés d'une façon paternelle par des fonctionnaires modestes, qui n'ont point de grandes forces militaires à entretenir, et qui administrent à très-peu de frais. Les Hindous soumis à la France n'échangeraient donc pas volontiers notre gouvernement pour celui des

Anglais, et le seul sentiment de satisfaction que le Français puisse éprouver en parcourant le lopin de terre qui lui est resté, perdu au milieu de l'empire anglais, naît de la préférence qui existe en faveur de sa domination sur celle d'à-côté.

En trois jours nous nous rendons de Karikal à Pondichéry en visitant sur la route le grand temple de Chelambran, un de ceux du sud de l'Inde dont l'architecture est la plus soignée.

Pondichéry, la capitale des possessions françaises de l'Inde, a conservé un certain air d'ancien régime et comme de style Louis XVI qui lui donne un cachet de bon goût et de distinction. Elle a eu autrefois de grandes espérances qui ne se sont point réalisées. Aujourd'hui on y végète honorablement en souvenir du passé, mais sans aucune espèce d'avenir. Le territoire que les Anglais ont laissé à la France autour de la ville, mal délimité et découpé comme par lambeaux au milieu du leur, est trop restreint pour alimenter un grand commerce, et les affaires du territoire anglais, sauf celles du voisinage immédiat, vont à Madras, où convergent les chemins de fer.

A Pondichéry, les castes avec leurs divisions et

subdivisions exercent encore tout leur empire. A la grande fontaine publique où l'on va chercher l'eau, on se partage les côtés ; personne ne pense à prendre son eau ailleurs qu'aux robinets de sa caste. Mais il y a encore ici quelque chose de plus que la caste : on se divise en gens de la main gauche et gens de la main droite. Les gens de ces deux divisions n'habitent point indifféremment les mêmes rues ; ils se querellent à l'occasion et entrent en lutte sous les prétextes les plus futiles. Quand on pense que de pareilles pratiques existent encore dans une ville occupée depuis deux siècles par les Européens, on comprend avec quelle lenteur ont lieu les transformations qui changent les mœurs des peuples.

VI

MADRAS

Les monuments taillés dans le roc de Mahabalipour. — Madras.
Son manque de port.

Octobre 1872.

De Pondichéry, pour gagner Madras, nous nous rendons d'abord par la route de terre à Sadras en passant par Chingleput, puis nous nous embarquons. Entre Sadras et Madras, le littoral est bordé par des lagunes et des flaques d'eau séparées de la mer par une étroite langue de terre. A travers ces lagunes on a approfondi un chenal, sur lequel nous voguons, poussés par un vent favorable.

Nous débarquons non loin de Sadras, à Mahabalipour, entre la lagune et la mer, pour visiter de curieux monuments connus sous le nom des Sept pagodes. Ce sont des temples creusés dans le roc. Plusieurs des édifices, au lieu d'être en cavernes, sont des monolithes extérieurs. On a alors profité d'un rocher isolé et d'une grosseur suffisante, qu'on a équarri et taillé en tous sens, et dont on a tiré d'une seule pièce un monument complet avec tous les détails de l'architecture et de la sculpture. C'est le système des grands Bouddhas monolithes de Ceylan, étendu à l'architecture.

Madras est une ville informe. Il ne semble pas qu'aucun plan y ait jamais présidé à l'agencement de quoi que ce soit. Les maisons habitées par les Européens sont éparses au milieu d'une sorte de bois, et c'est déjà une course que de passer de l'une à l'autre ; c'est tout à fait un voyage que de se rendre de la ville où l'on réside à la ville où, le jour, se font les affaires. On ne va de l'une à l'autre qu'en traversant le vaste espace vide et nu qui sert d'esplanade au fort Saint-Georges. Il y a la mer, puis une rivière ; mais on a bâti la ville de telle façon qu'on ne les voit point. Les monuments et les maisons sont d'un style encore plus laid que dans les autres villes d'Asie bâties par les Anglais ; et Dieu sait ce que cela veut dire !

Madras est une de ces villes qui se sont faites à l'aveugle et où les quartiers se sont ajoutés les uns aux autres, parce qu'il fallait sans doute que dans cette partie de l'Inde il y eût une ville quelconque bâtie quelque part. Aucune ville maritime n'a une plus mauvaise situation. En face de Madras, la mer déferle sur la côte toute droite, sans qu'il y ait aucune espèce de port ou d'abri. Lorsque la tempête arrive, si les équipages ne coupent les câbles assez vite pour gagner la haute mer, les navires vont à la côte. Il y a quelques mois, toute la flotte marchande, surprise par un coup de vent, a été jetée sur le quai. On y voit encore cinq ou six magnifiques navires à moitié dépecés, dont la carcasse grimace la nuit d'une façon sinistre.

Le seul plaisir qu'une ville comme Madras réserve au voyageur est celui du départ. Un bateau des Messageries à destination de Calcutta fait escale. Nous nous précipitons à bord.

VII

CALCUTTA.

Arrivée à Calcutta. — Les palais de Calcutta. — Les Anglais à Calcutta.

Octobre 1872.

Calcutta, la ville des palais! Qui n'a entendu désigner ainsi la capitale de l'Inde? Lorsqu'on remonte l'Hougly aux rives basses, une longue forêt de mâts annonce d'abord la ville. Dès l'approche on commence à tendre le cou pour découvrir les fameux palais. Nous sommes à terre, en ville; la première chose qui nous frappe devant les palais, c'est qu'on est presque partout en train de les crépir et de les badigeonner. Quelle désillusion! Le plus fameux des fameux palais, celui du gouverneur général, avec colonnades sur toutes les faces, a une brigade de maçons qui, le long des colonnes, passe une couche nouvelle de badigeon. Ce nom magique, la ville des palais, appliqué à Calcutta, est un de ces traits étonnants d'exagération auxquels l'éloignement a donné le loisir de s'accréditer. Du crépi et du badigeon sur de lourdes colonnades, et sur les laides façades de grandes maisons en briques, constituent des constructions qui ont bien plutôt l'air de casernes que de palais.

Toute idée de palais à part, Calcutta offre un ensemble qui dépasse en grandeur tout ce que les Européens ont bâti ailleurs en Asie. Il y a d'abord le fort, une sorte de demi-cercle dont la section s'appuie à l'Hougly. C'est là le premier point de départ de la conquête anglaise, qui, comme une tache d'huile, en gagnant de proche en proche, est arrivée jusqu'à l'Indus et à l'Himalaya. Autour des remparts de la forteresse règne une vaste esplanade, et autour de celle-ci s'élève la ville européenne avec ses édifices et ses grandes maisons. Par delà la ville européenne, commencent les rues de la ville indigène. Une longue file des plus gros navires de commerce, disposés en rang pressés, couvre le fleuve. Le nombre des habitants dépasse un million.

Les Européens, au milieu de cette multitude, forment comme un état-major. Le moindre Européen est ici un personnage qui a un grand logis, un équipage et des gens. Le plus mince train de maison suppose de suite toute une bande de domestiques. Du reste, tous ces gens de la race bengali sont des êtres physiquement très-faibles, dont on n'obtient qu'une somme d'efforts excessivement minime; il faut les multiplier à l'infini pour arriver à être servi. Il n'est point admissible que l'on se mette à table sans avoir son domestique, à soi exclusivement consacré, debout derrière sa chaise. Aussi quelle multitude dans les salles où l'on dîne!

Et le *panka!* Le *panka* est une planche bordée d'une pièce d'étoffe, suspendue au plafond, qui, mise en branle, agit comme un éventail pour donner de l'air. L'éternel *panka*, pendant six mois de l'année, marche par-dessus la tête de tout Européen, la nuit comme le jour. Chaque Européen traîne après lui trois ou quatre hommes consacrés à des relais pour le *panka*. Le *panka* faisant partie obligée de tout appartement destiné à l'Européen, dès qu'un Européen met le pied dans une chambre ou passe d'une chambre dans une autre, les domestiques *ad hoc* sont là prêts avant lui, et, sans temps d'arrêt, se mettent à balancer la machine.

Cette vie luxueuse de l'Inde, avec sa multitude de domestiques, est un peu comme les palais badigeonnés de la ville : c'est du faux luxe. Il faut faire de son mieux, vivre au milieu d'une cohue d'indigènes et sous le *panka*, puisque les nécessités du climat vous font une loi de mener une vie artificielle ; mais venir parler du charme de ce genre d'existence est singulièrement abuser de la facilité qu'au loin le merveilleux trouve à se faire accepter.

Le gouvernement dont l'Angleterre a établi le siége à Calcutta s'applique à deux cents millions d'hommes ; c'est aujourd'hui sur le globe le plus grand qu'aucune nation conquérante étende à des peuples conquis. Il convient de rechercher quels résultats a pour l'Inde l'existence de ce gouvernement.

VIII

CALCUTTA

La politique de l'Inde. — État de l'Inde au moment de la conquête anglaise. — Résultats de cette conquête. — Développement des ressources matérielles du pays et augmentation de la population. — Transformation de l'intelligence hindoue et mouvement de rénovation intellectuelle.

Octobre 1872.

L'Inde, lorsque les Européens vinrent lutter pour s'en assurer la possession, avait depuis longtemps subi une première conquête, la conquête mahométane. Les mahométans conquérants avaient réussi à fonder une puissante monarchie, et, pendant un temps, l'empire mongol avait étendu sa domination à la plus grande partie de la péninsule. Mais, à l'époque où les Anglais prirent pied dans l'Inde, la monarchie mongole s'était affaissée sur elle-même. A la place des Mongols musulmans, les Mahrattes, de religion brahmanique, étaient arrivés au premier rang. Les Mahrattes n'étaient cependant point parvenus à fonder un empire véritablement stable, comme l'avaient fait les Mongols, et leur suprématie était restée des plus disputées.

Au moment où commença la conquête anglaise, aucune grande force capable de dominer absolument le pays et de s'y établir ne se trouvait donc exister. Une lutte sans fin et des guerres perpétuelles entre des puissances tant mahométanes que d'ancienne race hindoue entretenaient partout l'instabilité. C'était l'anarchie, la division irrémédiable, fruit de la décomposition politique, que les Anglais trouvaient dans l'Inde, et, aussitôt arrivés, ils étaient devenus la seule force capable de dominer successivement toutes les autres et de les absorber.

Si la conquête mahométane, avec les conséquences qui s'en étaient suivies, était le grand fait d'où découlait l'état politique du pays, on peut supposer que son état moral découlait d'un autre fait non moins capital, la disparition, vers le VIe siècle de notre ère, du bouddhisme, par suite du rétablissement de l'ancienne religion brahmanique. Le bouddhisme occupe vis-à-vis du brahmanisme une position analogue à celle du christianisme vis-à-vis du judaïsme, il en est sorti comme un perfectionnement. Le bouddhisme a donc représenté pour l'Inde, au moment de sa naissance, la somme d'améliorations intellectuelles et morales que le perfectionnement opéré par le pays sur lui-même lui avait permis de réaliser. Le bouddhisme, par comparaison avec le brahmanisme, représente en effet un double progrès : au point de vue intellectuel, il a délaissé la conception religieuse grossière que le brahmanisme se fait des forces de la nature, qu'il personnifie dans des divinités nombreuses et bizarres ; en morale, il s'est dégagé de l'idée de caste et il est arrivé à la notion de l'égalité de valeur de toutes les créatures humaines.

La disparition du bouddhisme, après qu'il a régné dans l'Inde pendant des siècles, et le retour de l'ancienne religion brahmanique, veulent donc dire que le pays s'est trouvé incapable de s'approprier définitivement les éléments de culture perfectionnée qui s'étaient fait jour. On a là le spectacle d'une réaction qui fait que les vieilles forces primitives et plus grossières réabsorbent, pour les faire disparaître, les éléments supérieurs qui se dégageaient. Ce pas en arrière si considérable influe sur le sort de toute la civilisation hindoue ; il n'y aura plus désormais de mouvement ni de développement ; l'Inde, restée en enfance, vieillira immobile, attachée au passé, et, au moment où les Anglais en feront la conquête, le pays, qui, au point de vue politique, est dans un état de décrépitude et d'impuissance complet au point de vue moral, présentera, s'il se peut, le spectacle d'une décrépitude et d'une impuissance encore plus grandes.

Ce qui frappe en effet par-dessus tout dans la civilisation hindoue, c'est le caractère qu'on lui découvre d'un état qui est resté celui de l'enfance, combiné cependant avec tous les signes de la décrépitude. Tout dans l'Inde est rudimentaire. En politique, on ne voit point que l'Hindou soit jamais arrivé à la notion de la patrie ou de la cité, non plus qu'à celle de droits dans l'ordre civil. Nulle part la société civile n'est parvenue à avoir suffisamment conscience d'elle-même pour s'affirmer à part de la société religieuse ; aussi demeure-t-elle soumise au moule théocratique.

Dans l'ordre éthique, l'Hindou ne possède aucune notion développée de l'idée de justice, aucune conception de droit naturel. Par la caste il établit toutes sortes d'inégalités d'essence d'homme à homme. Dans l'ordre intellectuel, il n'a aucune idée définie de lois conçues comme réglant les forces de la nature. Celles-ci sont personnifiées par des divinités bizarres qui dans leur caprice décident arbitrairement des choses de l'homme; aussi la religion n'est-elle qu'un grossier paganisme qui pèse d'un poids écrasant sur l'esprit pour le tenir abaissé. Le seul côté, avec celui de la métaphysique, par où l'intelligence hindoue ait jeté à ses débuts un vif éclat, est celui de la poésie. Mais l'ère de la grande prose et de la poésie de nature réfléchie n'est pas venue dans les temps modernes après celle de la poésie primitive, et l'ancienne Inde, avec ses hymnes védiques et ses épopées, représente un ordre de culture analogue à ce qu'était celui de la Grèce alors qu'elle n'avait encore produit que les hymnes orphiques et les poëmes homériques.

Du côté du développement matériel, l'Inde a le même caractère qu'elle a dans l'ordre moral : tout est rudimentaire. L'Hindou n'a guère appris à se vêtir; il est de tous les hommes resté le plus imparfaitement nourri; chez lui, les arts utiles, l'industrie, l'agriculture, n'ont reçu aucun perfectionnement; produisant très-peu, il est toujours demeuré très-pauvre.

Cependant cette civilisation, sans avoir dépassé l'état d'enfance, par le fait du temps, était arrivée au plus complet abaissement. Les castes, alors qu'elles avaient perdu leur sens primitif, subdivisées à l'infini, y séparaient plus absolument que jamais l'homme de l'homme. La religion, loin de s'épurer, était devenue un paganisme tous les jours plus grossier et plus sensuel. Les pratiques les plus criminelles s'étayaient sur elle. Pour les thugs, le massacre et l'assassinat étaient passés à l'état d'actes religieux; et les brahmanes avaient poussé l'abus de la supériorité de force d'un sexe sur l'autre jusqu'à apprendre au plus faible à se brûler vivant pour honorer l'autre [1]. Il n'y avait nulle part de sauvegarde pour les faibles et les petits; c'était un état de guerre chronique, traînant après lui la dépopulation, la diminution des terres en culture, avec de grandes bandes de pillards ravageant les États, et de petites assassinant sur les routes.

---

[1]. Dans la seule division administrative de Calcutta, on comptait, en 1817, 442 cas de *suttis*, ou de veuves brûlées vives sur le bûcher avec le corps de leurs maris.

Cette société ainsi avilie et décrépite, les Anglais l'ont conquise. Qu'en font-ils?

Dans l'Inde, autrefois livrée à la guerre et au pillage chroniques, les Anglais font régner aujourd'hui la tranquillité la plus absolue et une paix perpétuelle. Ils ont établi partout une police excellente avec des juges; le pays a été purgé des thugs et des empoisonneurs; les brahmanes n'ont pu plus longtemps brûler les veuves. Chacun a trouvé protection auprès de magistrats intègres. Les Anglais ont greffé toute la partie matérielle de la civilisation européenne sur la civilisation hindoue. Les routes, les chemins de fer, les postes, les télégraphes, ont été établis. De grands travaux d'assainissement et d'embellissement dans les villes, d'irrigation dans les campagnes, le développement des cultures industrielles, de l'indigo dans le Bengale, du thé dans l'Assam, du coton à Bombay, ont partout développé les ressources locales. Sous la domination anglaise, la population de l'Inde s'est donc accrue, et la richesse s'est accrue dans des proportions encore plus grandes.

Cependant les transformations matérielles ne suffisent pas; c'est dans le domaine de l'esprit qu'il faut apporter des modifications pour être définitivement maître des hommes. Or, sous l'influence anglaise et au contact des idées européennes, l'Inde subit en ce moment une véritable transformation intellectuelle. La classe qui s'éclaire est enlevée à ses dieux et passe à l'état de scepticisme vis-à-vis de son grossier paganisme. L'esprit de caste se relâche et s'affaiblit, et, lorsqu'on aura réussi à généraliser les tentatives, auxquelles on commence à se livrer, de donner de l'éducation à la femme hindoue, les trois grandes forteresses de la barbarie hindoue, la religion grossière, les castes et l'abaissement de la femme, seront à la fois battues en brèche.

On s'étonne du nombre d'indigènes que l'on rencontre ayant une telle connaissance de la langue anglaise qu'ils la manient comme un instrument naturel. On voit de jeunes Hindous sortis des écoles, subir avec succès des examens comparatifs en concurrence avec les jeunes Anglais et entrer, au même titre que ces derniers, dans le corps administratif. Dans le commerce, dans les carrières libérales, la médecine, le barreau, les Hindous arrivent aujourd'hui en grand nombre, après avoir subi une préparation qui les rend les égaux des Anglais.

Les branches les plus variées des connaissances et de la littérature sont maintenant cultivées par des Hindous. Tous les jours augmente le nombre des livres, des journaux qu'ils publient, non-seulement dans leurs idiomes, mais encore en anglais. Sous cette influence, l'Inde ne se remet pas seulement à penser, elle agrandit le champ de sa vision. L'intelligence hindoue, qui, laissée à elle-même, ne s'est appliquée qu'à la poésie et à la métaphysique, fait siennes en ce moment les notions que lui fournissent les Européens sur des sujets qu'elle n'avait jamais entrevus : les sciences, l'histoire, le droit, la politique. Quand on considère le travail de transformation qui s'opère ainsi, on peut concevoir un moment où l'Inde, entièrement transformée, fera dater l'époque de sa régénération du jour où les Anglais, par la conquête, lui auront apporté les éléments de vie nouvelle et de développement supérieur qui lui manquaient absolument.

La conquête de l'Inde n'a pourtant été faite que par une société de marchands, avant tout avides de lucre. Cependant, dès qu'elle s'est trouvée assise, la compagnie des Indes, quels qu'aient été ses erreurs, ses fautes, ses crimes même, a réalisé une grande amélioration sur tout ce que l'Inde avait connu auparavant en fait de gouvernement, tant est encore grande la distance qui sépare le degré de lumières et de moralité de l'Européen, même au plus bas, de celui des princes et des castes gouvernantes de l'Inde. Aujourd'hui la compagnie a disparu, le gouvernement de l'Inde n'existe plus qu'à titre de délégation de celui de la métropole. On est frappé, quand on l'étudie, de la connaissance profonde que les Anglais possèdent des diverses parties de l'Inde, qui permet de leur appliquer les mesures de législation les meilleures, et du désir général qu'ils ont d'exercer leur pouvoir d'une manière qui soit avantageuse pour le peuple conquis. Le sens politique et l'intérêt de la conservation poussent les Anglais dans cette voie, et, à défaut de tout autre mobile, suffiraient à les y maintenir, car ils leur disent assez qu'on ne peut fonder une domination durable sur une aussi grande multitude qu'autant qu'il existera dans son sein l'opinion qu'en somme la conquête lui est favorable.

IX

BÉNARÈS

Départ de Calcutta. — Le chemin de fer. — Bénarès. — Les pèlerins et les fakirs. — Grand nombre des édifices religieux. — La tour de Sarnath. — Les *ghâts*. — Le rajah de Bénarès et son fils. — Le palais de Ramnagouhr.

Novembre 1872.

De Calcutta au Punjab, par la vallée du Gange, il y a un chemin de fer qui, se dédoublant à Lahore, va joindre l'Indus près de Moultan, et par Peshawer se prolongera jusqu'à la frontière du Caboul. Vous prenez à Howra, en face de Calcutta, le train pour Lahore et faites les douze cent soixante-dix-huit milles de la route dans un confortable wagon. Cela n'a plus aucune couleur locale, mais quand on a voyagé pendant des semaines en charrette à bœufs, comme nous l'avons fait dans le sud, je n'oserais pas dire que l'absence de couleur locale ne produise tout d'abord un véritable plaisir. On est d'autant plus satisfait d'aller vite que les plaines du Gange que l'on traverse sont des pays plats. Les terres y sont sans doute fertiles, et le riz, l'indigo, le sucre, le pavot, le coton, le jute y poussent à souhait, mais en revanche l'agrément pittoresque y fait absolument défaut.

Nous voici partis pour Lahore. Nous n'irons cependant point tout d'une traite ; en route nous descendrons assez souvent de wagon, en commençant par Bénarès.

Bénarès est la ville sainte des Hindous. C'est là que sont décidées les questions de dogme pour tout ce qui a rapport au culte brahmanique. Les brahmanes et les pandits de Bénarès émettent des décisions devant lesquelles tout s'incline. Bénarès n'est point seulement un foyer qui rayonne, c'est encore un centre qui attire. De tous côtés les dévots et les pèlerins y viennent en foule adorer Siva, au culte duquel la ville est presque exclusivement adonnée. Dans les rues et les carrefours de Bénarès, vous croisez des bandes de pèlerins aux vêtements usés par le voyage, qui, le bâton d'une main et leur vase à boire de l'autre, s'en vont faire leurs dévotions de chapelle en chapelle. Des bœufs et des vaches, en leur qualité d'animaux sacrés, vaquent en liberté par la ville et, quand il leur plaît de s'aventurer dans les rues étroites, c'est au passant à se garer comme il peut de leurs cornes. On trouve aussi pas mal de mendiants, surtout à la porte des temples, qui se recommandent à la charité des personnes pieuses par leur aspect mal léché et par les énormes plaques de bouse de vache dont ils se couvrent le corps, en qualité d'adorateurs de Siva.

Quant aux fakirs du genre tout à fait extraordinaire, l'espèce s'en perd, aussi bien à Bénarès que dans toute l'Inde. A Bénarès même il n'y a plus aujourd'hui un seul homme qui se tienne assis pendant des années, les yeux immobiles fixés sur son nombril, ou le poing fermé jusqu'à ce que les ongles en poussant lui aient transpercé les chairs. Le scepticisme, au souffle venu d'Europe, fait dans l'Inde son travail souterrain; les pratiques du bon vieux temps tendent à disparaître. Dans tout Bénarès, le seul fakir intéressant que nous ayons vu était une sorte de jongleur qui, dans un coin de la place publique, se tenait en équilibre sur une jambe, l'autre jambe retenue en l'air dans la main, et encore il pourrait très-bien se faire que ce que nous avons cru être un fakir n'ait été, après tout, qu'un pur saltimbanque.

Bénarès, en sa qualité de ville sacrée, est naturellement pleine de temples et de lieux consacrés au culte. Il n'y a point de rue où l'on n'en trouve des séries entières. On en compte jusqu'à quinze cents. Cependant, si ces édifices produisent tout d'abord une certaine impression par la multiplicité, ils n'en produisent plus aucune quand on vient à les considérer de près et en détail. Ils sont tous petits et mesquins. Ce ne sont pour la plupart que des chapelles ou de simples niches. Ils n'ont même pas le mérite de la grande ancienneté. Les villes de la vallée du Gange ont été soumises à tant de dévastations et de destructions répétées, qu'il n'y en a pas de très-anciennes; le Bénarès actuel a été élevé, à une époque relativement récente, sur les ruines de villes précédentes; on n'y trouve aucune construction qui remonte à plus de trois siècles.

Temples, chapelles, niches et reposoirs sont peuplés d'une quantité innombrable d'images sculptées des divinités du panthéon brahmanique; on va même jusqu'à prétendre que les dieux sculptés dépassent, à Bénarès, le nombre des habitants. Toute cette sculpture ne contribue guère à embellir les édifices; elle est du dernier ordre et n'a aucun mérite ni d'exécution ni d'expression. Il faut dire aussi que les sujets à reproduire sont en dehors des données du goût et de l'art. Tous ces dieux hindous sont des êtres disgracieux et difformes, fruit d'une imagination déréglée. Ce Ganésa avec sa tête et sa trompe d'éléphant, ce Siva avec ses bras multiples, représentent pour la sculpture des créations auxquelles il est impossible de trouver une forme heureuse. On ne voit donc rien de comparable, chez les brahmanes, aux statues magistrales que les bouddhistes ont sculptées en tant de lieux; mais aussi les bouddhistes ont su éviter le monstrueux, ils se sont tenus sur le terrain purement humain pour idéaliser la forme humaine.

Nous n'avons, du reste, qu'à aller tout à côté, à Sarnath, pour voir ressortir la supériorité de l'art bouddhique. Les brahmanes n'ont pas toujours régné à Bénarès : il y a eu une époque où la ville a été convertie au bouddhisme et lui a appartenu. Les bouddhistes, après un temps, ont disparu de Bénarès comme de toute l'Inde, et les brahmanes ont repris leur ancienne place. Il est cependant resté un monument bouddhique : c'est une grande construction de forme ronde, pleine à l'intérieur, et qui devait être une *dagoba*. La tour de Sarnath, comme on l'appelle vulgairement, offre, par la simplicité de ses lignes et par le style de ses décorations, quelque chose de fort supérieur à tout ce que peut montrer le Bénarès brahmanique ; il y a surtout, se déroulant autour de l'édifice, à une assez faible élévation, un ornement d'architecture du plus grand goût, qu'on dirait inspiré par l'art grec.

La ville de Bénarès est formée de ruelles étroites bordées de hautes maisons. Cette ville, qui, à l'intérieur, n'est qu'une sorte d'entassement confus, vue de la rivière, prend un aspect de véritable grandeur. Elle s'étend sur un espace de trois kilomètres au bord du Gange, à un point où la berge domine sensiblement la rivière. Les maisons, les temples, les édifices de tout genre, pressés les uns contre les autres, arrivent jusque sur l'extrême bord de la berge, et de leur pied on a fait descendre dans le fleuve une série ininterrompue de grands escaliers, de *ghâts*. Ces *ghâts* sont de proportions monumentales ; à leur sommet ils ont pour couronnement un palais, un temple, ou quelque porte avec tours, les mettant en communication avec une des rues de la ville. Ils doivent leur construction à la munificence des rajahs ou de pieux et riches particuliers. Ils ont été bâtis pour fournir un lieu propice aux ablutions dans les eaux sacrées du Gange.

Le matin, au soleil levant, toute la population va se baigner dans le Gange. On a alors un spectacle extraordinaire. L'amphithéâtre des escaliers est couvert d'une foule animée qui monte et descend, et se presse sur les dernières marches à moitié plongées dans l'eau. C'est ici le lieu de prière et de réunion. Après les ablutions, on reste à causer. On entend comme la clameur qui s'élèverait d'une place publique. Non-seulement on se baigne, mais on boit l'eau sacrée, on la puise pour l'emporter, et les vases de cuivre, dont tous sont munis, brillent au soleil et reflètent partout la lumière.

A Bénarès, nous recevons l'hospitalité du rajah; nous sommes logés à sa maison de ville. Le rajah de Bénarès, Issouripersad Naraïn Singh Bahadour, est un homme de haute caste, qui a passé la soixantaine. Il est pensionné par les Anglais et n'exerce aucune autorité politique; il n'en jouit pas moins, auprès des Hindous, d'un très-haut degré de considération. Il nous fait voir la ville à dos d'éléphant. C'est tout ce qu'il y a de plus princier et de plus abominable. On ne monte sur la bête, qui cependant s'est accroupie, qu'à l'aide d'une échelle; quand elle s'est relevée en vous donnant une affreuse secousse, on se croirait au sommet d'une tour branlante, on oscille et la tête vous tourne. Bénarès sert de lieu de résidence et de retraite à un grand nombre de riches Hindous et d'anciens rajahs; aussi trouvons-nous le soir, chez notre hôte, toute une société de rajahs et de mamamouchis, affublés de turbans, de cachemires, d'étoffes de brocart et d'or, à faire pâmer d'aise les amateurs de pittoresque.

Nous faisons visite au fils du rajah dans le palais que possède le père, à Ramnagouhr. Le jeune prince, qui a l'air de tenir beaucoup à l'étiquette, a pris pour nous recevoir ses plus beaux atours; il s'est mis sur la tête une aigrette de magnifiques rubis. Nous le trouvons assis en cérémonie, avec les gens de sa suite alignés à ses côtés; debout devant lui sont deux porte-masse et un grand bel homme magnifiquement costumé, une sorte de tambour-major, qui tient à la main un glaive dans un fourreau de velours vert. Tout cet appareil nous avait fait craindre une de ces audiences ennuyeuses où l'on se travaille à causer par l'intermédiaire d'interprètes; mais il se trouve que le prince et sa suite parlent anglais, et la conversation glisse assez facile.

Après l'entrevue, nous visitons les lieux. Le palais de Ramnagouhr est bâti sur la rive droite du Gange, en amont de Bénarès. Les tours et la façade s'élèvent sur le bord de l'eau, et un *ghât* monumental met l'entrée en communication avec le fleuve. Des fenêtres on jouit d'une vue superbe sur le Gange, la plaine, la ville de Bénarès. L'intérieur a assez bien conservé son cachet oriental et n'a pas été trop défiguré par l'introduction du bric-à-brac européen. Nous n'avions pas encore vu dans l'Inde d'aussi belle habitation.

X

AGRA

Agra fondé par Akbar. — Le palais d'Akbar. — Le Taj.

Novembre 1872.

Agra et Delhi étaient les capitales jumelles de ces empereurs mongols qui ont tenu une si grande place dans l'imagination des hommes. Ces empereurs mongols n'étaient du reste pas plus des Mongols que ne l'étaient les soldats qui leur avaient aidé à conquérir l'Inde. Leur nom provient uniquement de la parenté du fondateur de la dynastie Baber avec Tamerlan. Baber était petit-fils de Tamerlan par sa mère. Autrement ces soi-disant Mongols étaient des mahométans venus des pays voisins de l'Inde au nord-ouest ; ils se servaient et ils ont continué à se servir dans l'Inde de l'écriture arabe et de la langue persane.

La dynastie des Mongols, pour lui conserver son

nom, a compté, en commençant par son fondateur Baber, une série d'hommes très-remarquables. C'est à l'un de ceux-ci, à Akbar, petit-fils de Baber, qu'est due la fondation d'Agra. Akbar avait d'abord fait choix, pour l'emplacement de la ville nouvelle qu'il voulait construire, de Futchpore-Sikri, à dix-huit milles d'Agra, dans les terres. Là, sur une éminence, il s'était bâti un palais avec une mosquée; puis les murs d'une ville avaient été érigés et la ville elle-même s'était élevée. Cependant Akbar se lassa assez vite de cette situation au milieu d'une campagne sans eau, et, abandonnant Futchpore-Sikri, il établit sa nouvelle capitale sur le bord de la Jumma, à Agra.

A Futchpore-Sikri il ne subsiste plus aujourd'hui que le palais et la mosquée d'Akbar avec les grands murs de l'enceinte; la ville elle-même a disparu. On s'explique du reste la facilité avec laquelle les souverains orientaux ont de tout temps édifié à nouveau des villes capitales et la rapidité avec laquelle ces mêmes capitales abandonnées tombent ensuite en ruines, lorsqu'on voit la manière dont elles sont construites. Les palais, les édifices du culte, les remparts, sont les seules choses des villes d'Asie qui offrent quelque solidité de construction; c'est là la part que le souverain bâtit de toutes pièces avec faste et splendeur. Autour des édifices princiers s'élève la ville proprement dite, et celle-ci n'est guère composée que de baraques ou de cabanes en boue, en bois, en mauvaises pierres. Tout cela, rapidement construit, tombe presque aussi vite en ruine si on l'abandonne.

Akbar avait placé son palais d'Agra sur le bord de la Jumma, au centre d'une forteresse avec hautes murailles en pierres rouges, créneaux et mâchicoulis. Le palais d'Akbar à Agra, de même que celui qu'il avait précédemment construit à Futehpore-Sikri, se composait d'un assemblage assez singulier de pièces et de morceaux. Akbar était un esprit curieux, épris de la recherche : il aimait à combiner les idées et les systèmes. On montre encore à Futehpore-Sikri la salle où il s'entretenait avec les savants et les philosophes de son temps. C'était un très-mauvais mahométan ; il étendait une égale tolérance à toutes les religions de ses États ; il avait même fini par inventer une nouvelle religion à lui, qui était devenue la religion de sa cour. Akbar aimait assez, paraît-il, à faire pour l'architecture ce qu'il faisait pour les idées, à réunir des systèmes divers, et dans ses palais on découvre de ce fait un manque d'harmonie qui ne semble pas compensé par un mérite suffisant des parties.

Le tombeau d'Akbar, érigé par son fils Jehanghir, se voit auprès d'Agra. Là encore apparaissent une recherche et une complication excessives de motifs. L'édifice a l'air d'un château de cartes avec l'entassement irrégulier de ses petits belvédères. Il était écrit que ni le fondateur de la ville d'Agra ni son fils n'y bâtiraient un de ces monuments qui fixent pour toujours l'attention des hommes. Cet honneur était réservé à leur héritier Chah-Jehan. Chah-Jehan a construit dans le fort d'Agra un palais et une mosquée délicieuse; puis, à côté du fort, le Taj, qui est une chose incomparable. Le Taj est un tombeau. Il fut d'abord uniquement destiné à recouvrir les restes de la reine Nour-Mahal, mais Chah-Jehan, à sa mort, y fut lui-même enseveli à côté de sa femme.

Le Taj est un édifice en marbre blanc, de dimensions que l'œil embrasse facilement; il est formé d'une coupole ou dôme inscrit dans une construction octogone. Sur son pourtour extérieur il est ornementé par des versets du Coran, incrustés en marbre noir, et par des arabesques et des ornements en mosaïque polychrome. Il s'élève sur une plate-forme avec quatre minarets aux angles, tout cela comme lui en marbre blanc. Il est sur le bord de la Jumna, au bout d'un grand jardin planté d'orangers, de manguiers, de cyprès, avec des courants d'eau dans des bassins de marbre et des jets d'eau. La porte du jardin est percée dans une façade monumentale, et la plate-forme sur laquelle repose l'édifice est encadrée de deux façades du même ordre. Dès l'entrée dans le jardin, l'édifice de marbre blanc, que l'on découvre au milieu des cyprès, produit une impression de charme et de poésie qui ne fait que grandir à mesure qu'on gravit la plate-forme.

En pénétrant dans l'intérieur, on se sent frissonner de volupté ; la seule impression qu'on éprouve est celle de l'extase, et c'est un tombeau ! On comprend cette Anglaise qui eût consenti à mourir tout de suite, à condition d'en avoir un semblable. C'est quelque chose qui ne pèse point. Sous le dôme, le long des murs, sont répétées des incrustations polychromes du même style qu'à l'extérieur. Les deux cénotaphes de Chah-Jehan et de sa femme sont sur le pavé, ornés d'arabesques en mosaïque d'une rare élégance; ils sont entourés d'une balustrade en marbre blanc, découpée à jour en merveilleux dessins et incrustée de mosaïques semblables à celles des tombeaux. Tout cela a l'air d'être sorti de la baguette des fées.

On emporte du Taj une impression ineffaçable. C'est une des œuvres les plus parfaites de cette architecture mahométane qui, indépendamment de la combinaison des lignes, a cherché, par des effets de couleur et d'ornementation, à charmer les yeux et à captiver les sens.

XI

DELHI

Delhi, la plus ancienne capitale des mahométans dans l'Inde. — Delhi et Agra, deux villes déchues. — Les mahométans dans l'Inde. — Leur décadence depuis la conquête anglaise. — Leur inimitié pour les Anglais.

Novembre 1872.

Delhi est la plus vieille des grandes capitales des mahométans dans l'Inde. Dans sa longue histoire, la ville a subi toutes sortes de péripéties ; elle a même changé plusieurs fois d'emplacement. La ville actuelle doit son érection à Chah-Jehan.

Le palais des empereurs mongols, ici comme à Agra, est bâti au milieu d'une enceinte fortifiée. Le palais avec ses dépendances occupait autrefois toute l'étendue de la forteresse ; mais, depuis la grande révolte de 1857, les Anglais ont rasé les constructions accessoires pour élever des casernes ; ils n'ont laissé debout que les parties principales du palais, le

Dewani-Kwas ou salle du conseil, le Dewani-Aum ou salle d'audience publique, la petite mosquée. Tous ces édifices, d'une délicatesse merveilleuse, en marbre blanc incrusté de mosaïques ou orné de dorures, restent aujourd'hui dans un triste isolement au milieu des affreuses casernes bâties par les Anglais. En face de la forteresse, du côté de la ville, s'élève une mosquée, la Jumma-Musjid, construite par Chah-Jehan. C'est un monument d'une grandeur et d'une beauté singulières.

Les ruines du vieux Delhi s'étendent au loin autour de la ville moderne; la campagne, sur une superficie de plusieurs lieues, est couverte d'édifices abandonnés. Tous les conquérants et toutes les dynasties qui ont passé à Delhi sont là, représentés par des tombeaux, des restes de palais, de temples, de forteresses. Quelques-uns des tombeaux, tels que ceux de l'empereur Humayoun et du visir Safdar-Jang, sont presque intacts et forment des spécimens de belle architecture, intéressants à visiter. De tous les monuments conservés, le plus curieux est le Koutoub-Minar. C'est un minaret très-élevé, d'une robuste architecture, qui doit sa construction à un de ces princes mahométans qui ont précédé les Mongols à Delhi, et qu'on désigne sous le nom de Pathans.

Du haut du Koutoub-Minar on jouit d'une vue superbe sur la plaine, couverte des ruines des anciennes villes. Du reste, tout est ruine ici, car le Delhi actuel n'est plus lui-même qu'un spectre du passé. Le voyageur Bernier, au temps d'Aureng-Zeb, contemporain de Louis XIV, établissant une comparaison entre Agra et Delhi et les grandes capitales européennes, estimait qu'à cette époque la population de Delhi devait être, à peu de chose près, la même que celle de Paris. Aujourd'hui Agra et Delhi n'ont plus chacune qu'une centaine de mille habitants; de capitales qu'elles étaient du plus grand empire de l'Inde, elles sont passées à l'état de villes de province de troisième rang; Agra fait partie des provinces du nord-ouest et relève de leur capitale, Allahabad; et Delhi, annexé au Punjab, est sous l'administration de Lahore. Leurs palais sont vides, ou sur leur emplacement s'élèvent des casernes anglaises. Le dernier de leurs rois, l'héritier des Mongols, détrôné par les Anglais, est allé mourir dans l'exil à Rangoun. Et, qui plus est, dans la décadence de leurs capitales on n'a qu'une image matérielle de la chute qu'ont eux-mêmes subie les mahométans de l'Inde.

Les mahométans, au jour de leur puissance dans l'Inde, n'étaient pas seulement des soldats qui gardaient le pays après l'avoir conquis. Ils avaient leur religion, qui a été adoptée par une partie de leurs sujets ; ils avaient leur langue, qu'ils ont continué à cultiver à part et qui a assez profondément modifié les langues hindoues pour donner naissance à de nouveaux idiomes ; ils avaient apporté avec eux leurs arts, leur architecture, dont les productions ont couvert le sol. Leur civilisation constituait ainsi un ensemble venant se superposer à l'ancienne civilisation hindoue, et sur beaucoup de points assez supérieure à elle pour l'avoir profondément pénétrée. Au milieu de la société ainsi façonnée par sa conquête, le mahométan ne se trouvait donc pas seulement au sommet de l'échelle sociale parce qu'il était le dominateur par la force, il tenait encore la tête parce qu'il avait des facilités particulières pour s'élever dans un milieu où il représentait l'élément intellectuel supérieur.

La conquête anglaise a changé tout cela. En même temps que le mahométan perdait du fait des Anglais la prépondérance politique, il voyait sa civilisation perdre aussi sa suprématie. Comme lui, en effet, l'Anglais avait une langue, un culte, des arts, toute une civilisation qu'à son tour il établissait en maître sur le sol de l'Inde. Or, si l'Hindou avait trouvé à emprunter aux mahométans, à bien plus forte raison trouve-t-il aujourd'hui à emprunter aux Anglais. L'Hindou apprend la langue anglaise, modifie ses idées au souffle venu d'Europe, et se faisant aussi semblable qu'il peut à ses nouveaux maîtres, commence à être en état de leur disputer les carrières administratives et les professions libérales.

Toutes ces transformations au-devant desquelles court l'Hindou, le mahométan, lui, ne les subit que forcé, contraint, ou il y résiste absolument. Il hait non-seulement dans l'Anglais un conquérant qui a pris sa place, il a encore pour lui la haine qu'il a partout pour le chrétien; il tient avec ténacité à sa religion et aux langues qui s'y rattachent, l'arabe et le persan; dans ces circonstances, s'il se laisse aller à cultiver les connaissances européennes, il le fait sans entrain et d'une manière incomplète. Dans le milieu nouveau façonné par la conquête anglaise, le mahométan est donc comme un homme hors de ses voies; aussi, après être tombé en face de l'Anglais du premier au second rang, est-il en ce moment menacé de tomber définitivement au troisième rang, au-dessous de l'Hindou.

On ne peut point s'étonner après cela que le mahométan ne soit dans l'Inde l'ennemi de l'Anglais, et que tandis que les hommes de la vieille religion hindoue paraissent avoir accepté la conquête anglaise sans esprit de retour, les mahométans ne se soient point encore résignés à la subir. L'Hindou à l'arrivée des Anglais était déjà conquis, il n'a fait que changer de maître en gagnant au change; le mahométan est au contraire passé de l'état de conquérant à celui de conquis, et il perd de plus en plus toute importance sociale.

XII

PATIALAH

La ville de Patialah. — Le palais du rajah. — La résidence et les jardins de Martibagh. — Le premier ministre Sayad Mohamed Hosaïn.

Novembre 1872.

Les Anglais, qui ont détrôné pour prendre leur place le Grand-Mogol et tant d'autres potentats hindous, petits et grands, sont cependant loin d'avoir supprimé dans l'Inde tous les princes régnants. Les supprimer tous eût sans doute été impossible, il y en avait trop. Ils en ont donc laissé subsister un grand nombre, et même dans le cas de gens amis ou alliés, ceux qu'ils ont conservés ont été par eux arrondis et engraissés aux dépens des autres.

Patialah est actuellement le premier parmi les princes du Punjab. Son état occupe sur la carte de l'Inde un espace assez considérable. Il a environ un million et demi de sujets, plus que le roi de Grèce.

Il est aussi indépendant qu'un rajah peut l'être sous la suzeraineté de l'Angleterre. Il n'a point chez lui de garnison anglaise, il a au contraire son armée en propre et exerce les droits de justice et souveraineté les plus étendus sur toutes choses.

Quand on a passé Umballa, entre Delhi et Lahore, on arrive à Rajpoura. Là, quittant le chemin de fer, on parvient, au bout de dix-huit milles, à la ville même de Patialah, la résidence du rajah et la capitale de l'État. Les Anglais, le long des routes, autour des villes de l'Inde, plantent des arbres; en outre, le quartier où ils résident est une sorte de bois qu'ils rendent le plus touffu possible, de telle sorte que la ville hindoue aux mains des Anglais apparaît presque toujours de loin renfermée dans une ceinture de verdure. Mais à Patialah, il n'y a point eu d'Européens pour planter des arbres aux abords de la ville, et les murs de boue qui ceignent la cité s'élèvent nus de la plaine sablonneuse où elle est bâtie.

Le point de la ville vers lequel tout converge est occupé par le château ou palais du rajah. Dans la région du palais on est frappé de la multitude de serviteurs, domestiques, valets et suivants qu'on rencontre. Même dès le bazar et dès la place publique, on trouve un grand nombre d'hommes qui ont l'air de n'avoir rien à faire et qui doivent subsister à l'état de parasites des largesses du prince. Cette classe de gens vivant aux dépens de la cour paraît former une fraction notable de la population, et elle doit être pour le reste un lourd fardeau.

En entrant dans le château, nous trouvons la porte gardée par des sickhs, de fort beaux hommes avec de grandes barbes. Les quelques mille soldats que le rajah maintient sous les armes sont sickhs et appartiennent ainsi à sa secte, car il est lui-même de religion sickhe, tandis que la majorité de la population de l'État se compose de mahométans et d'Hindous.

Le rajah actuel a fait des additions importantes aux vieilles constructions de son palais; il a rebâti les salles de réception et la grande salle du trône. Tout cela a été meublé à neuf de la façon la plus magnifique qu'à Patialah on ait pu imaginer. Cette nouvelle salle du trône a des proportions suffisamment vastes; elle ferait une belle salle de fête dans n'importe quel pays. Mais c'est quand on est arrivé à l'ameublement que la difficulté a commencé. Les

Orientaux n'ont point de meubles; lorsque, sous l'influence européenne qui les domine de plus en plus, ils veulent meubler leurs palais à notre manière, ils se trouvent sans tradition pour le faire avec goût; alors ils entassent pêle-mêle tout ce qui a du clinquant et qui tire l'œil. Ici, du plafond de la salle, pendent de grands lustres, verts, roses et blancs en verre de Bohême; ces lustres se touchent tous; à cela on a ajouté des chandeliers, des marbres et albâtres italiens, des cristaux de tout genre, surchargeant les tables et les consoles. La pièce, ainsi encombrée, perd absolument la physionomie d'un appartement particulier pour prendre celle d'une salle où l'on eût fait un déballage pour une vente.

Nous ne manquons point non plus de trouver là une grande boîte à musique, des pendules mécaniques avec petits oiseaux voltigeant de branche en branche, des tableaux à ressorts où des navires se balancent sur une mer agitée. Je m'étais bien souvent demandé où pouvaient aller ces produits spéciaux de l'industrie génevoise. Je sais maintenant qu'ils vont en Asie, car depuis que nous y sommes nous n'avons pas encore visité de prince ou de riche particulier chez lequel nous n'ayons trouvé quelque boîte à musique et de ces pendules à sujets mécaniques.

Chez les Asiatiques, il n'y a jamais rien de complet et qui supporte un examen attentif. C'est un mélange de splendeur et de misère, de luxe et de saleté. Dans leurs palais comme ailleurs, il y a toujours quelque côté par où apparaissent le délabrement et l'abandon. Par exemple, il y a ici, dans les écuries du rajah, un grand nombre de chevaux plusieurs sont de fort beaux animaux, les chevaux sont bien soignés, chaque cheval a à peu près un homme à lui, mais alors les écuries sont formées de hangars misérables, et ceux-ci sont peuplés de rats qui grimpent partout presqu'à l'état familier.

Il se trouve que nous avons on ne peut plus mal choisi notre temps pour notre visite au rajah de Patialah. Nous ne saurions le voir. Il est depuis plusieurs jours retenu au lit par la fièvre *dengue*. Cette fièvre, qui sans être mortelle rend fort malade, s'est successivement étendue à une grande partie de l'Inde ; nous l'avons déjà trouvée sur notre route dans plusieurs villes.

Dans l'état d'empêchement du rajah, nous sommes

reçus par le premier ministre Sayad Mohamed Hosaïn. On nous installe sur ses ordres à Martibagh, à deux milles en dehors de la ville. C'est un grand jardin avec plusieurs pavillons servant de résidence d'été. Le jardin est planté d'orangers, de manguiers, au centre et dans les allées on a creusé des bassins et des canaux revêtus de marbre où l'eau circule et du milieu desquels s'élancent des jets d'eau; cela a été disposé à l'imitation des jardins d'Agra et de Delhi. Il y a eu une époque en Europe où les princes se bâtissaient des châteaux à l'image de Versailles; dans l'Inde ce sont les palais et les jardins du Grand Mogol qu'autrefois les rajahs ont pris pour modèle.

Nous occupons dans le jardin le pavillon principal situé au fond. Nous n'avons plus ici, comme dans la résidence de ville du rajah, un entassement de bric-à-brac européen; les deux grandes pièces du pavillon sont décorées dans le goût purement oriental. Il n'y a point de meubles, tout le luxe réside dans les tapis et dans les peintures des murailles. Dans l'une des salles on a retracé sur les murs, à la détrempe, toutes sortes de compositions où figurent les divinités du panthéon brahmanique avec leurs formes monstrueuses et leur type moitié bestial, moitié humain. La moins grande des deux pièces a été décorée de miniatures qui représentent des scènes tirées de la vie des *gourous* ou prophètes sickhs. Tout cela a réellement du cachet et est fort original.

Aussitôt installés à Martibagh, nous recevons la visite du ministre Mohamed Hosaïn. C'est un mahométan, un homme encore jeune et des plus distingués. Il parle anglais avec une assez grande pureté; il est suffisamment au courant de la politique générale; quant aux choses de l'Inde, elles lui sont familières, et il a sur elles des vues justes et larges. Il nous donne tous les renseignements que nous pouvons désirer sur le gouvernement de son État. Il a dans les derniers temps introduit des réformes considérables dans le mode de perception de l'impôt, et il s'occupe en ce moment de la création de routes et de canaux d'irrigation. Mohamed Hosaïn appartient à ce type nouveau dans l'Inde de politiques indigènes formés au contact anglais, qui se sont approprié d'une manière réellement intelligente les idées européennes en matière d'administration et de gouvernement.

XIII

LAHORE

Amritsir. — Le temple des sickhs. — Singulière cérémonie religieuse. — Les sickhs, leur religion, leur histoire. — Ils prennent parti pour les Anglais au moment de la révolte des cipayes.

Novembre 1872.

A Patialah, le rajah et ses soldats étaient à peu près les seuls sickhs du pays; mais à Amritsir, de l'autre côté du Sutlej, les sickhs deviennent très-nombreux. Amritsir est même comme leur capitale religieuse. Ils y ont leur grand temple. Ce temple est recouvert de plaques de cuivre doré, qui étincellent au soleil. Il est bâti au milieu d'une pièce d'eau entourée de constructions pittoresques. Pour s'y rendre, on traverse la pièce d'eau sur une petite chaussée pavée en marbre. Nous y arrivons à trois heures de l'après-midi, au moment d'une cérémonie. Le temple est divisé en chambres réparties entre plusieurs étages; la cérémonie se passe dans la salle principale, au rez-de-chaussée.

Au fond de la salle, vers le milieu, se tient accroupi un prêtre, un fort bel homme, encore jeune, ayant à ses côtés deux acolytes à barbe blanche. Devant le prêtre, sur un tabouret, est posé le livre sacré que les sickhs doivent à un de leurs *gourous* ou prophètes. Ce livre, tenu fermé, est en outre dérobé aux yeux par un drap de brocart et d'or, dont le prêtre écarte silencieusement les mouches et la poussière, à l'aide d'un chasse-mouche qu'il tient à la main. Les fidèles hommes et femmes arrivent se prosterner le front jusqu'à terre devant le livre, et en se retirant jettent sur un tapis disposé à cet effet une offrande de piécettes ou de ces coquilles qui servent dans l'Inde de monnaie divisionnaire de la monnaie de billon. Sur un des côtés de la salle sont accroupis une demi-douzaine de musiciens; l'un frappe de ses mains sur un tam-tam, deux autres s'escriment sur des guitares, le reste psalmodie à tue-tête; tous ensemble font une étrange cacophonie. Sur le tapis où sont reçues les piécettes on jette aussi des poignées de millet que les moineaux et les pigeons se disputent sans préoccupation de la foule et du tam-tam.

Les sickhs forment une fraction importante de la population du Punjab. Ils ne sont point d'une race ni d'un sang particuliers ; c'est la seule croyance religieuse qui en a fait dans le Punjab une secte à part. Ils doivent leur origine à Baba-Nanuck, qui vivait à la fin du xve siècle et au commencement du xvie. Baba-Nanuck prêchait des doctrines qui avaient pour tendance de réunir sur un terrain commun les musulmans et les Hindous. Baba-Nanuck mort, la secte va en augmentant sous les *gourous* qui lui succèdent, jusqu'au moment où elle attire l'attention des empereurs mongols, qui lui font subir toutes sortes de persécutions. Mais les persécutions n'ont jamais détruit aucune religion, et les sickhs trouvent bientôt un nouveau prophète dans la personne de Goving-Singh. Celui-ci change la direction de leurs idées, les adonne à l'exercice des armes et, les organisant pour résister aux persécutions, fait de la haine des mahométans leur passion dominante. Depuis lors les sickhs et les mahométans se sont réciproquement infligé dans le Punjab toutes les avanies possibles. Quand les mahométans étaient les plus forts, ils tuaient des vaches dans les temples sickhs, ce qui pour les sickhs est le plus odieux des crimes; quand les sickhs prenaient le dessus, ils détruisaient à leur tour les mosquées ou les profanaient en y égorgeant des pourceaux. Cela durerait probablement encore sans les Anglais, qui aujourd'hui les maintiennent en paix en face les uns des autres.

Les sickhs, à partir de leur nouvelle organisation militaire par Goving-Singh, passent de l'état de sectaires purement religieux à celui de partisans politiques. Enfin, au commencement de ce siècle, avec Runjet-Singh, ils arrivent à être les maîtres absolus du Punjab. Runjet-Singh, après s'être élevé à la suprématie sur les sickhs, se sert d'eux pour créer dans l'Inde un État de premier ordre par la réunion au Punjab du Moultan, du Cashmir et du territoire de Peshawer. Mais presque toujours, en Asie, l'homme de génie disparu, tout tombe en dissolution dans l'empire qu'il a formé. Runjet-Singh meurt en 1839, et ceux qu'il laisse après lui se querellent et s'assassinent sans répit et sans fin. Cela dure ainsi jusqu'au moment où, ayant provoqué les Anglais, les sickhs entrent en lutte avec eux.

Une première guerre a lieu en 1846, suivie d'une

seconde et dernière en 1848-49. Dans ces deux guerres les Anglais trouvent dans les sickhs les ennemis les plus redoutables qu'ils aient jamais rencontrés sur les champs de bataille de l'Inde. Les sickhs, animés par le fanatisme religieux et précédemment disciplinés, sous Runjet-Singh, par des officiers européens, livrent aux Anglais une série de batailles sanglantes dont plusieurs sont presque des victoires. Cependant leurs forces finissent par s'épuiser; ils sont vaincus d'une façon décisive à Goujerat, obligés de livrer leurs armes et de se rendre à discrétion. Comme conséquence de leur victoire, les Anglais mettent fin à la puissance politique des sickhs; en 1849, ils annexent du même coup à leurs possessions de l'Inde le Punjab et les terres que Runjet-Singh lui avait adjointes, Moultan, Peshawer, Cashmir.

Huit ans s'écoulent, lorsqu'en 1857 survient la grande révolte des cipayes. L'armée indigène sur laquelle les Anglais s'appuyaient pour la domination de l'Inde s'est retournée contre eux. Pris à l'improviste, ils n'ont point de forces suffisantes à opposer à l'insurrection. Dans un moment si critique, d'où leur vient le premier secours? De ces mêmes sickhs, les derniers conquis dans leur empire. Des régiments de sickhs rapidement formés contribuent à arrêter le premier flot de l'insurrection.

Il faut regarder comme un grand triomphe politique que dans un cas d'extrême péril des ennemis de si fraîche date aient pu être transformés en auxiliaires et en défenseurs. On a cherché à expliquer l'aide que les sickhs ont prêtée aux Anglais par la haine qu'ils portent aux mahométans qui essayaient alors de relever le trône des Mongols à Delhi, par l'appât d'une haute paye et par l'espérance du butin à faire dans la guerre, mais tout cela paraît insuffisant. C'est encore le régime appliqué par les Anglais au Punjab après son annexion qui donne le mieux raison de l'appui efficace qu'ils y rencontrent. On commence à acquérir ce sentiment à Amritsir en entrant dans le temple où les sickhs font une si singulière musique devant leur livre sacré. Dès la cour extérieure nous devons, pour entrer, ôter nos souliers; l'ordre est là, s'imposant à tous, signé d'Henry Lawrence, à qui, au lendemain de la conquête, les Anglais ont confié le Punjab. On devine à cela seul quels ménagements les vainqueurs ont dû avoir pour les vaincus.

En passant d'Amritsir à Lahore, la capitale du pays, on a des signes encore plus certains du soin qu'ont mis les Anglais à se faire bien venir des populations. Lahore a été mise au centre de grandes routes qui rayonnent sur tout le pays; aujourd'hui des chemins de fer viennent s'y ajouter. La ville a été entourée de jardins et de promenades; des rues ont été percées, et le nombre des maisons nouvelles qu'on y élève, ainsi que le style amélioré des constructions, attestent que sous le nouveau gouvernement la richesse et la population s'accroissent. Des édifices publics de tout ordre, des établissements d'instruction ont été bâtis. En ce qui regarde l'assessement de l'impôt terrien — cette question d'une importance capitale dans l'Inde, — le règlement intervenu paraît avoir satisfait les populations, car la quotité de l'impôt a été fixée à un taux relativement léger. Cherchant à s'associer ses sujets et à partager avec eux pour une part le soin de la chose publique, le gouvernement anglais s'est déchargé sur des municipalités composées mi-partie d'Anglais et mi-partie d'indigènes, du soin des affaires des villes. Les sickhs, qui sont avant tout des soldats, ont été appelés à former dans l'armée de l'Inde des régiments spéciaux bien payés.

C'est par cette politique à la fois bienfaitrice et habile que les Anglais se sont concilié les habitants du Punjab, et l'on s'explique ainsi l'appui qu'ils en ont reçu à un moment de besoin.

XIV

LAHORE

Le musée de Lahore. — Anciennes sculptures gréco-bouddhiques. — Les bouddhistes ont reçu leur art des Grecs, par l'invasion d'Alexandre.

Novembre 1872.

Au nombre des monuments dont les Anglais ont doté la ville de Lahore est un musée. On trouve dans ce musée une réunion d'antiques sculptures qui est d'une grande importance pour l'histoire de l'art en Asie. Pour nous faire comprendre, il faut entrer dans quelques détails.

Nous avons été frappés au Japon par les statues du Bouddha que nous avons vues à Kamakoura, à Nara et ailleurs dans les temples. Nous avons reconnu qu'elles n'étaient point dues à un art indigène, mais bien à un art apporté du dehors par les bouddhistes en même temps que leur culte. En Chine, il y a, plus qu'au Japon, des signes d'un art original né sur le sol; cependant on n'y trouve point non plus de statuaire indigène, les seules grandes productions de la statuaire qu'il y ait en Chine, les Bouddhas dans les temples, les statues des tombeaux des Mings, à Nankin et à Pékin, sont également l'œuvre des bouddhistes. A Java, devant les sculptures si parfaites de Mendout et de Boro-Boudour, les mêmes problèmes se posent et, comme pour le Japon et la Chine, la même solution les attend : ce sont les bouddhistes qui, avec leur religion, ont apporté leur art du dehors.

On reconnaît ainsi que les bouddhistes avaient un art qui apparaît en tout lieu semblable à lui-même et qu'ils portaient partout avec eux; or, comme on n'en trouve la source ni au Japon, ni en Chine, ni à Java, il faut penser que c'est le pays où la religion bouddhique a pris naissance, pour rayonner plus tard, qui a également vu éclore l'art bouddhique. On est ainsi reporté vers l'Inde. A Ceylan, ces idées ont pris pour nous un nouveau degré de force.

Nous avons donc recherché dans l'Inde les traces qui pouvaient nous mettre sur la voie des origines de l'art bouddhique. Ce qui subsiste dans l'Inde des monuments bouddhiques marque bien qu'il y a identité entre l'art bouddhique de l'Inde et celui du reste de l'Asie. On se confirme ainsi dans l'opinion que c'est l'art développé dans l'Inde qui a servi de type aux autres pays. Cependant on ne découvre point non plus sur le sol de l'Inde de traces de rudiments archaïques et d'une élaboration primitive. L'art hindou semble tout d'abord fixé et accompli, ce qui encore annonce l'emprunt. Il faut donc admettre que les bouddhistes indiens, quoique ayant servi de maîtres à tous les autres, n'ont pas plus que les autres puisé en eux-mêmes la connaissance de la statuaire, et qu'ils ont, eux aussi, appris à manier le ciseau à l'imitation de mains étrangères. Mais alors de qui ont-ils pu tenir l'art de la sculpture? Les collections du musée de Lahore répondent : Ils l'ont tenu des Grecs.

Les sculptures de Lahore offrent un mélange de styles qu'on n'a encore jamais vu. Elles sont bouddhiques, voilà le signe du Bouddha sur le front, les grandes oreilles à lobes pendants; elles sont grecques, voilà un travail du nu, un genre de draperies, un arrangement des cheveux purement grecs; c'est donc quelque chose de particulier qui constitue un style qu'on ne peut s'empêcher d'appeler de suite gréco-bouddhique, comme l'ont du reste fait les directeurs du musée.

Pour expliquer la réunion dans une même forme d'une part d'hellénisme et de bouddhisme, il faut tout d'abord se demander d'où les objets proviennent. Les fragments réunis à Lahore ont été découverts dans le district de Peshawer, dans la vallée du Souat, sur le bord de l'Indus et particulièrement sur l'emplacement où a dû exister autrefois la ville de Taxila. Ces diverses localités sont situées dans le nord-ouest du Punjab, c'est-à-dire au pied de la passe de Khyber, sur la ligne de marche de tous les conquérants qui ont envahi l'Inde, et entre autres sur celle d'Alexandre, sur l'emplacement même où s'est élevée la ville grecque de Taxila, dans la partie du pays placée pour avoir les rapports les plus directs avec la Bactriane, qu'on sait avoir reçu l'empreinte grecque à la suite des conquêtes d'Alexandre. Alors tout s'explique. Si l'on fait attention que les recherches les plus récentes tendent à établir qu'antérieurement au IIIe siècle avant notre ère, il n'y avait dans l'Inde ni véritable architecture ni véritable sculpture, et que par conséquent toutes les œuvres d'art qu'on y connaît sont postérieures à l'invasion d'Alexandre, on comprendra comment les Grecs ont pu servir de maîtres aux Hindous.

Les fragments réunis au musée de Lahore sont au nombre de plusieurs centaines. Il n'y a pas moins d'une soixantaine de statues du Bouddha de toute grandeur. L'ensemble est donc suffisamment important pour qu'on puisse se faire une opinion raisonnée. Il faut tout d'abord établir qu'il n'y a pas moyen de prétendre que les fragments grecs et bouddhiques aient pu appartenir à des époques différentes et former des couches successives sur le même sol. La même statue, le même bas-relief sont bien mi-partie grec, mi-partie bouddhique. Je remarque entre autres deux fragments sur lesquels sont en même temps sculptés des chapiteaux de l'ordre corinthien et de petits Bouddhas ; sur l'un des fragments le petit Bouddha est même inscrit au milieu des feuilles d'acanthe.

La seconde observation à faire, c'est combien le type du Bouddha, qu'on trouve si arrêté partout ailleurs, est ici flottant et indécis. Cela prouve que c'est bien ici et au contact des Grecs que s'est fait l'apprentissage des bouddhistes. Dans les premiers essais des artistes bouddhistes on voit l'effort de gens qui ont à se servir de la forme grecque pour donner un corps à l'idéal particulier que leur fournissaient la théologie et la légende bouddhiques. De là des tâtonnements et l'élaboration d'un type qui n'apparaît d'abord qu'avec un ou deux traits propres, qui se dégage de plus en plus, et qui enfin, complétement arrêté, est porté dans toute l'Inde et dans toute l'Asie.

Cette conclusion ne surprendra point ceux qui auront vu les monuments. Que de fois, devant les monuments de Java, de Ceylan, en face des temples du sud de l'Inde, de la tour de Sarnath, que de fois nous nous sommes trouvés frappés des traits de ressemblance qui s'accusaient avec l'art grec ou les arts dérivés de lui! Nous étions sans cesse à nous dire : Il faut qu'il y ait eu emprunt. Mais où? Nous le savons maintenant.

XV

AJMIR

Retour de Lahore à Agra. — Départ d'Agra pour le Rajpoutana. — Burhtpour. — Jeypour. — Aspect saisissant de Jeypour. — Rencontre d'un *comissioner* anglais. — Paysans hindous qui préfèrent la domination anglaise à celle d'un de leurs rajahs. — Ajmir.

Décembre 1872.

De Lahore nous revenons sur nos pas jusqu'à Agra ; là, disant adieu au chemin de fer, nous nous enfonçons dans le Rajpoutana pour nous rendre, par les routes de terre, à Bombay.

Le Rajpoutana s'étend entre les bassins du Gange et de l'Indus ; c'est une vaste contrée peu fertile, en grande partie sablonneuse, et qui, du côté de l'Indus, se termine même en un complet désert. La pauvreté du sol, le peu de densité des populations, ont été des causes pour préserver le pays dans son ancien état. Alors que les musulmans s'établissaient solidement dans les vallées du Gange et de l'Indus, convertissant une partie des populations, dans le Rajpoutana, l'ancienne religion, les anciennes castes, se conservaient au contraire presque intactes, et les anciens chefs restaient en possession, sauf à reconnaître la suzeraineté des empereurs de Delhi. Les Anglais n'ont point changé cet état de choses; ils ont, comme les Mongols, laissé le pays aux mains des rajahs. Dans le Rajpoutana, on compte donc encore les princes souverains, petits et grands, à la douzaine. Chaque ville, avec une étendue de territoire plus ou moins grande autour d'elle, se trouve constituer un État à part et distinct.

En partant d'Agra, la première ville que nous trouvions possédant un rajah est Burhtpour. Burhtpour n'a d'intéressant que la ceinture de gros remparts en terre qui, au commencement de ce siècle, lui a permis de soutenir deux grands siéges contre les Anglais.

Après Burhtpour vient Jeypour; Jeypour est la capitale d'un assez grand État, et son rajah est un des premiers parmi ceux du Rajpoutana. Jeypour est séparée d'une grande plaine de sable, qu'on suppose être le fond d'un ancien lac, par une ceinture de frais jardins abondamment arrosés. En vue de la ville, dans différentes directions, s'élèvent des hauteurs couronnées de vieilles fortifications. Tout cela forme un bel ensemble.

Jeypour doit son existence au caprice de Jey-Singh, un célèbre rajah du pays. Jusqu'au commencement du XVIII° siècle, la capitale de l'État se trouvait être à Amber, à quatre milles au nord-est de l'emplacement où s'élève maintenant Jeypour, lorsqu'il prit fantaisie à Jey-Singh d'abandonner sa vieille capitale pour s'en bâtir de toutes pièces une nouvelle. Ainsi fut fait. Amber, désertée par le rajah et avec lui par toute la population, est passée à l'état de ville ruinée, et Jeypour, sortant de dessous terre, lui a été substituée comme capitale. Pareille création caractérise assez bien l'omnipotence d'un souverain oriental; ce qui la caractérise au moins tout autant, c'est le style dans lequel la nouvelle ville a été bâtie.

Jeypour a été disposée en larges rues se coupant à angles droits, avec des places publiques aux points d'intersection. Dans chaque rue, les façades surélevées des maisons ont été embellies d'ornements d'architecture dans le style introduit par les musulmans dans l'Inde. Souvent il n'y a rien derrière, et ce n'est qu'un placard, mais, sur le devant, la façade n'en existe pas moins avec ses moulures, ses fenêtres, ses balcons. Puis toutes les maisons d'une même rue ont été peintes d'une seule et unique couleur, chaque rue ayant une couleur différente : il y a la rue rose, la rue bleue, la rue gris-violet; les places sont couleur vert tendre. Quand on entre dans Jeypour, le premier aspect de la ville est saisissant; c'est quelque chose qu'on n'a jamais vu. Naturellement il ne faut ni gratter les murailles ni regarder derrière, comme pour les palais de Calcutta, on ne trouverait que du crépi et du badigeon; mais pris tel quel, comme décor, cela se sent assez bien des Mille et une nuits.

A Jeypour, le palais et ses dépendances occupent tout un côté de la ville. Là encore on est frappé du nombre des gens attachés à la cour. On se demande ce que peuvent faire les princes hindous de la multitude de parasites qui rampent autour d'eux. Il serait intéressant de savoir quelle part du budget de l'État sert à son entretien. Et cependant Jeypour est loin d'être un des États indigènes mal gouvernés; le rajah passe même pour très-accessible aux idées européennes, il a apporté de nombreuses améliorations au gouvernement de son État. Dans la ville, nous trouvons un collége, un musée et une bibliothèque, avec des écriteaux au-dessus des portes annonçant en anglais la destination des édifices. Le rajah se trace en ce moment, en dehors de la ville, un grand jardin anglais, et au lieu des hautes murailles qui ceignent ses anciens jardins, le nouveau sera entouré d'une grille en fer dans le plus pur goût européen.

Kishengouhr possède aussi son rajah. Kishengouhr n'est cependant qu'une bourgade, son territoire est des plus restreints, le sol y est pauvre, aussi ce rajah est-il un fort petit sire.

A Kishengouhr, nous trouvons campé auprès du *bungalow* où nous nous arrêtons le *comissioner* anglais qui administre le pays d'Ajmir. Kishengouhr confine à Ajmir, qui est sous le gouvernement direct des Anglais. Le *comissioner*, M. Saunders, est en ce moment en tournée d'inspection; chaque année il consacre ainsi plusieurs mois à aller, de village en village, s'assurer par lui-même de l'état de toutes choses. Nous étions arrivés à notre *bungalow* tard, la nuit tombée, et nous nous préparions à y faire un assez maigre dîner, lorsque nous recevons une invitation du *comissioner*, campé en face de nous. M. Saunders parcourt son territoire dans toute la splendeur d'un fonctionnaire anglais, suivi d'un régiment de domestiques, d'une multitude de chameaux, de chevaux. Nous le trouvons installé dans une vaste tente avec tentures, tapis et meubles au complet. Madame Saunders accompagne son mari; elle nous invite gracieusement à partager un excellent dîner. A table, la conversation prend tout de suite le chemin de l'Europe.

Cependant, après avoir causé de l'Europe, il faut bien, de détour en détour, en revenir à l'Inde, et finir même par se retrouver à Kishengouhr. M. Saunders nous apprend alors qu'il est venu jusqu'à Kishengouhr pour avoir une entrevue avec le rajah. Il s'agit d'une rectification de frontière. Le rajah revendique comme lui appartenant certains villages qui sont aujourd'hui compris dans le territoire d'Ajmir, et qui, comme tels, sont sous l'administration directe des Anglais. Il est vrai que les habitants des villages opposent la plus vive résistance aux prétentions du rajah; ils sont venus trouver le *comissioner*, ils pétitionnent et envoient supplique sur supplique pour ne point changer de maître. Les paysans du pays d'Ajmir préfèrent la domination anglaise à celle d'un de leurs rajahs! Eh bien! cela n'étonne point. Dès qu'on a saisi ce que sont, comparés l'un à l'autre, le gouvernement d'un petit rajah et celui des Anglais, on ne peut point douter qu'il ne doive en être ainsi.

Dans les deux cas, il est vrai, les populations sont également en possession de maîtres qui ont pour première préoccupation de les tondre ; mais les Anglais s'arrangent de manière à laisser au troupeau une certaine quantité de laine, tandis que le rajah indigène tond généralement jusqu'à la peau, et même, le cas échéant, enlève la peau avec la laine. Les Anglais ont compris que, pour s'asseoir dans l'Inde, il leur fallait se faire bien venir des grandes masses de la population ; ils ont donc tout fait pour mettre les populations rurales dans une position inconnue avant eux dans l'Inde. La redevance territoriale qu'ils prélèvent est moins lourde que celle prélevée par les rajahs ; elle est régulière, répartie avec soin ; les *raïots* sont préservés le plus possible contre les exactions des *zemindars* et des *talouquedars*. La situation des diverses classes vis-à-vis du gouvernement et vis-à-vis les unes des autres est réglée par des lois fixes, connues de tous, appliquées avec impartialité par des magistrats intègres. Cela constitue des garanties et donne à chacun un *status* défini, à l'abri des empiétements d'autrui, ce qui est comme un commencement de droits.

Ce sont là autant de choses inconnues chez les rajahs. Il n'y a point chez eux d'impôt absolument fixe, point de lois écrites, point de juges ni de fonctionnaires intègres, il n'y a que leur volonté, leurs désirs, leurs besoins prenant effet par l'intermédiaire des hommes de proie qui pullulent autour d'eux. Le rajah a-t-il fait quelque folie, s'est-il endetté à nouveau, ce qui arrive sans cesse, le pauvre paysan, quelque chargé qu'il soit, doit toujours finir par payer, — et ici il faut bien qu'il paye, car il n'y a que lui pour cela.

Le gouvernement des rajahs est resté, au point de vue fiscal comme à tous les autres, un despotisme grossier; la seule véritable source de revenu connue de lui est l'impôt prélevé en nature sur le produit de la terre. Les Anglais, au contraire, appliquent dans l'Inde un système de finances savant et compliqué. Ils ont l'impôt sur le revenu, les impôts indirects, les douanes, le timbre. Ils ne légifèrent pas pour un lambeau de territoire exclusivement rural, comme les rajahs; leur gouvernement, à la tête d'un grand empire, concentre les revenus de territoires divers et équilibre le déficit d'une part par le surplus d'une autre. Tandis que le moindre besoin des rajahs se fait de suite sentir par un accroissement de l'impôt prélevé sur leurs paysans, on a pu voir les Anglais augmenter leur budget des recettes sans surélever la redevance des populations rurales. Puisque les paysans d'Ajmir n'ont de choix possible qu'entre deux maîtres, ils ont donc grandement raison de préférer l'Anglais.

Ajmir, comme toutes les villes que nous venons de traverser, était autrefois la capitale d'un petit État; mais, s'ils ont laissé subsister les différents rajahs du Rajpoutana, les Anglais ont cependant fait une exception au détriment de celui d'Ajmir, qu'ils ont détrôné; depuis 1817, Ajmir est sous leur domination directe. La ville d'Ajmir est pittoresquement assise à la base de crêtes abruptes et dénudées; dans son voisinage se trouve un petit lac, sur ses bords les anciens souverains s'étaient construit une demeure aujourd'hui occupée par le *comissioner*. En visitant Ajmir après les villes de rajahs, on ne peut s'empêcher de reconnaître combien tout l'avantage est du côté de la ville anglaise. Ici il y a plus de signes de civilisation et de bonne administration; il y a plus de routes, et celles qui existent sont mieux entretenues; il y a une meilleure police, la propreté et la bonne tenue générales sont plus grandes. On remarque surtout avec plaisir l'absence de tous ces oisifs et parasites de cour, qui battent le pavé dans les villes de rajah.

XVI.

SIROHI

Nous quittons Ajmir en charrettes à bœufs. — Le territoire de Jodpour. — Les Rajpouts. — Les terres du *rao* de Sirohi. — Les Bhils. — Un pèlerin. — Sirohi en proie à la famine.

Décembre 1872.

Depuis Madras, où nous avons quitté les charrettes à bœufs, nous nous étions flattés — flattés en vain — de ne jamais plus les revoir. De Calcutta à Lahore, y compris le retour à Agra, nous avions le chemin de fer, et d'Agra à Ajmir, une grande route avec relais de chevaux ; mais, à Ajmir, nous sommes au bout de la civilisation, les relais ne vont pas plus loin. Pour poursuivre dans la direction de Bombay, nous n'avons plus qu'à choisir entre les divers modes de transport indigènes : les chameaux, les palanquins et les charrettes à bœufs. Avec les chameaux, on est par trop exposé au soleil et par trop secoué ; les palanquins, on nous en parle, mais vérification faite, ils sont introuvables; si bien qu'il ne nous reste que le troisième mode de transport, les bœufs.

Nous avons de longues journées de route à faire dans un pays à peu près désert, et Ajmir ne nous offre que de maigres approvisionnements; il eût fallu tout apporter d'Agra. Puis il nous est impossible de nous y procurer les voitures quelque peu perfectionnées avec lesquelles les Anglais font ces sortes de voyages; nous devons nous contenter des affreux véhicules indigènes.

Dans le nord de l'Inde, le char à bœufs employé pour les voyages est une sorte de petit carré ou plateau sans rebords, soutenu au-dessus de deux roues basses par tout un échafaudage de traverses. Des quatre coins du carré se dressent des montants; ils servent de support à une chemise d'étoffe, qui recouvre le plateau sans préserver ni du chaud, ni du froid, ni de la poussière, ni de la pluie. Le long du timon, on a disposé, entre deux tringles, un filet dans lequel le conducteur de la charrette se pelotonne au milieu des sacs et des bagages. Sur le plateau couvert qui constitue la place du voyageur, on ne peut être assis qu'en tenant les jambes pendantes par-dessus les roues; il faut donc rester en dedans, ramassé sur soi, dans des positions intolérables. Que si vous voulez vous étendre, vous devez passer les jambes dans le filet, où vous avez à leur faire une place en lutte avec le bouvier. Vous pourrez alors essayer de dormir, la tête en bas, le plateau, sur ses petites roues, étant rejeté en arrière par le timon, appuyé haut sur le cou des bœufs.

Nos personnes et les bagages répartis entre cinq charrettes, nous sortons d'Ajmir d'un pas solennellement lent. Nous voilà à recommencer un de ces voyages qui ressemblent à un voyage au long cours. Nous en avons pour douze, quinze ou vingt jours, selon la hâte que les chances de la route et la qualité de notre bétail nous permettront de faire. Nous traversons en premier le territoire attaché à Ajmir, et, comme la ville, sous la domination anglaise. Tant que nous sommes là, les signes de civilisation ne manquent point; nous avons surtout une bonne route. Mais ayant franchi les monts Araoualli, nous entrons chez le rajah de Jodpour, et chez lui les traces de la barbarie se font tout de suite sentir.

La route n'est plus qu'une sorte de sillon qui serpente à travers les buissons; on y est à fond dans la poussière; elle est difficile à trouver, et pour ne point la perdre, il nous faut, dès la tombée de la nuit, recruter des guides de village en village. La direction que nous suivons sur Pali nous fait côtoyer les monts Araoualli. Ils forment sur notre gauche un mur dentelé de petits pics chenus. Tout le pays sent la soif. La plaine, qui s'étend interminable, ne donne naissance qu'à de maigres plantes et à des arbres chétifs. Autour des villages, on n'obtient des champs quelque peu verts et cultivés que dans les endroits encaissés et grâce à l'eau que des roues mues par des bœufs puisent dans les profondeurs du sol. Ce n'est pas tout à fait le désert, mais on se sent sur sa limite.

En traversant les monts Araoualli, nous croisons d'immenses troupeaux de bœufs employés comme bêtes de somme à transporter du sel ou des grains. Les gens qui les conduisent viennent de l'intérieur de Jodpour. Les femmes ont aux chevilles des anneaux en argent, avec des grelots qui annoncent de loin leur venue. Les hommes sont armés de boucliers, de sabres, de lances. Depuis Agra, plus nous avançons, plus le port des armes devient chose générale. Nous ne rencontrons presque plus personne sur le territoire de Jodpour qui n'ait son sabre à la ceinture et son bouclier dans le dos. Les gens comme il faut, allant à cheval, ont en plus un fusil ou quelque vieille paire de pistolets. Tout ce monde n'en est pas moins fort pacifique et fort poli, nous saluant du plus loin avec de grandes marques de respect.

Contrairement aux Hindous de la vallée du Gange, qui ne conservent que la moustache, les Rajpouts, au milieu desquels nous nous trouvons, portent toute la barbe. Ils la dressent d'une façon très-particulière, rebroussée de chaque côté vers les oreilles. Cela leur donne l'air ébouriffé. Ce sont gens dévots, fort attachés à la religion brahmanique; ils ont au cou des médailles, et nous recommençons à voir presque tous les fronts marqués de divers signes religieux tracés avec de la bouse de vache. Partout aussi on trouve des chapelles et l'étalage à profusion des emblèmes assez peu décents du culte de Siva.

La route que nous avons prise nous tient éloignés de Jodpour, la capitale de l'État, mais nous passons à Pali, qui est la ville la plus importante après la capitale, et que le dictionnaire géographique donnée comme un lieu d'une certaine importance commerciale. On ne s'en douterait certainement pas à voir l'aspect sale et délabré de la ville et l'air de ruine de toutes choses. Le rajah actuellement régnant pressure les populations sans autrement s'occuper d'elles; c'est un assez vilain homme, en lutte avec ses fils, en querelle avec ses voisins, n'ayant nul souci de ses sujets.

À Pâli et sur la route il existe cependant un dernier signe de civilisation. Ce sont les *bungalows* que le gouvernement anglais a bâtis pour les voyageurs. À chaque station nous trouvons une petite maison avec tables, chaises, bois de lit, plus un gardien qui nous donne de l'eau et du feu, qui nous vend des œufs ou des poulets. Nous n'avons qu'à sortir notre literie, des claies et qu'à mettre à l'œuvre notre cuisinier pour nous trouver installés.

Après avoir dépassé Pâli et être sorti du territoire de Jodpour, nous entrons sur les terres du *rao* de Sirohi. Le titre de *rao* est, dans l'ordre de l'étiquette hindoue, une qualification quelque peu inférieure à celle de rajah. Si dans Jodpour on sentait la barbarie, dans Sirohi on sent la sauvagerie. Le territoire de Sirohi est presque absolument inculte;

en partie couvert de broussailles et de jongles. Le sol n'est occupé, dans certains endroits, que par des tribus de Bhils.

Ces Bhils sont les restes — comme il s'en rencontre encore dans les parties reculées de l'Inde — des peuplades autochthones qui occupaient le pays avant l'arrivée des Aryens. Les Bhils ont traversé les âges et vu passer par-dessus eux les Aryens, les musulmans, les Anglais, sans que leur degré de civilisation s'en soit ressenti. Nous les voyons sortir de dessous des huttes misérables faites de paille et de branchages. Ils vivent dans un abject état de paresse, de misère et de malpropreté. Leurs traits diffèrent sensiblement de ceux des Hindous; ils ont les pommettes saillantes, les lèvres grosses, et quelque chose de vague et d'égaré dans le regard. Ils n'ont point été convertis aux religions aryennes et ils restent adonnés à un fétichisme grossier. Leur culte se fait au pied de grands arbres; dans les branches ils suspendent des lambeaux de peau de bêtes, et au pied ils placent des pierres peintes en rouge. Eux aussi vont armés, mais d'une façon tout à fait primitive, avec l'arc et les flèches. Ils portent l'arc à la main, et leurs flèches, faites d'un mince roseau, dans un carquois sur la hanche. Les Bhils ont la réputation d'être de grands voleurs. C'est avec difficulté que nous parvenons à faire marcher nos charretiers la nuit, lorsque nous devons passer près de quelques-uns de leurs villages. Les Rajpouts et les Hindous, de religion brahmanique, les tiennent en grand mépris; ils n'entrent que le moins possible en contact avec eux.

Les castes et les classifications, plus que partout ailleurs, exercent donc ici leur empire. Depuis que nous sommes sur le territoire de Sirohi, nous avons augmenté notre suite d'un pèlerin qui revient de Bénarès et d'un Bhil, qui nous sert de guide. Nous avions déjà parmi nos charretiers un brahmane, parmi nos domestiques un musulman; cela fait autant de gens cuisinant séparément, qui, pour rien au monde, ne consentiraient à boire et à manger ensemble. Notre pèlerin surtout, qui revient de se purifier dans les eaux du Gange et qui se considère en état de grande sainteté, se tient avec soin à distance des gens de la basse caste ou sans caste, catégorie dans laquelle nous sommes compris. Il a même hésité longtemps à accepter l'offre que nous lui avons faite de nous accompagner et de déposer sur nos charrettes les bouteilles d'eau du Gange qu'il rapporte avec lui; ce n'est que la peur des voleurs Bhils qui a prévalu pour le décider à accepter notre invitation.

Nous arrivons à Sirohi, traînant après nous toute cette ménagerie. Cette capitale d'un méchant petit État n'est qu'un lieu misérable. Tout le monde y est ruiné, à commencer par le *rao*, qu'on dit endetté par-dessus la tête. Il y a eu dans ces dernières années des disettes amenées par la grande sécheresse, puis la visite des sauterelles. La sécheresse, les sauterelles, les collecteurs du *rao*, c'en est vraiment trop pour ce pauvre peuple; aussi paraît-il aux portes mêmes de la famine, et dans tout Sirohi nous ne pouvons nous procurer aucune provision, pas même des œufs.

XVII

AHMEDABAD

Le mont Abou. — Interdiction de tuer et de manger du bœuf. — Les temples jaïns. — Les jaïns et leur religion. — Les singes noirs. — Départ d'Ahmedabad pour Bombay.

Décembre 1872.

Les monts Araoualli longent le territoire de Sirohi, de même que celui de Jodpour. A deux étapes au sud de Sirohi, un immense pâté montagneux se détache de la chaîne principale, et s'élève isolé au milieu de la plaine ; c'est le mont Abou.

On fait l'ascension de la montagne par un petit sentier où tout se transporte à dos d'homme. Quand on arrive vers le sommet, on trouve un grand plateau couvert d'arbres, avec de petites vallées cultivées, et dans plusieurs endroits de petits lacs. Les Anglais ont fait de ce plateau une station sanitaire et un lieu de résidence pour l'été. Ils y ont bâti une caserne pour leurs soldats malades, puis des maisons et des chalets pittoresques pour les fonctionnaires et les officiers. On est fort étonné de rencontrer ainsi une oasis de verdure et de civilisation, s'élevant à trois ou quatre mille pieds, du milieu du désert et de la barbarie.

Nous trouvons ici à nous ravitailler, ce dont nous avions grand besoin. Nous ne pouvons cependant nous procurer de bœuf, car on n'en tue point. Il faut nous contenter de mouton. Le bœuf est vraiment dans l'Inde un animal privilégié. Avant l'arrivée des mahométans et des Anglais, personne n'avait jamais pensé à le manger; les gens de religion brahmanique et bouddhique, si ennemis sur tant de points, s'entendaient pourtant sur celui-là, et depuis, toutes les sectes écloses dans l'Inde, les jaïns, les sickhs, ont continué à voir dans l'abatage d'un bœuf ou d'une vache un acte abominable. Encore aujourd'hui, dans les villes de l'Inde, les boucheries où l'on tient du bœuf pour les Européens sont le plus possible placées à l'écart.

Partout cependant les Anglais dans l'Inde mangent du bœuf, partout, excepté au mont Abou. Ici prohibition absolue, de par un traité spécial passé par la éompagnie des Indes avec le *rao* de Sirohi, chez lequel on se trouve. Il n'y a point à en douter, ce singulier traité est là tout au long imprimé dans les recueils. Consentir à ne pas manger de bœuf! comment les Anglais se sont-ils résignés à un pareil sacrifice? Encore si le *rao* de Sihori eût été de force à leur résister! Aussi n'est-ce pas par gracieuseté pour le *rao* que les Anglais ont agi, mais bien par condescendance pour les jaïns, qui ont sur le mont Abou leurs sanctuaires les plus vénérés.

Les temples, dont les Anglais ne veulent point profaner le voisinage en tuant des bœufs, s'élèvent tout à côté de la colonie anglaise. Ils nous paraissent fort au-dessous de la réputation qu'ils ont dans l'Inde; ils forment un groupe de constructions sans aucun mérite extérieur d'architecture. Les diverses constructions sont disposées sur un plan identique: pour chacune, une cour ayant sur ses quatre faces des rangées de petites niches ou chapelles, avec une grande statue au fond de la niche et deux plus petites de chaque côté; puis un petit bâtiment isolé au milieu de la cour, servant à loger des statues de même nature que celles des faces. Tout cela, quoique en marbre, n'offre rien de bien remarquable, si ce n'est comme profusion de sculptures. Les murs, les chapelles, les colonnes et colonnettes, plafonds et soubassements ont été surchargés d'une infinité d'ornements et de motifs sculptés en bas-relief, dont pas un ne répète l'autre. Il y a là un énorme travail de détail. La réussite et le fini de quelques-uns des détails ne suffisent pas cependant à donner à l'ensemble une bien grande valeur d'art, et le tout sent la décadence.

La religion des jaïns est encore assez peu connue; elle dérive plus ou moins du bouddhisme; quelques-uns veulent même y voir une secte particulière de l'ancien bouddhisme venue jusqu'à nous. On pense qu'il y a aujourd'hui dans l'Inde cinq millions de jaïns. Ce sont presque tous des gens de négoce et de finance, qui compensent leur nombre relativement restreint par leur richesse, et qui doivent être puissants, puisque les Anglais vont, pour leur plaire, jusqu'à renoncer au rosbif.

Redescendus du mont Abou, nous continuons notre marche vers le sud. Le pays, à partir de Deesa, commence à changer. Le sol devient de plus en plus fertile, et quand nous entrons dans le Goujerat, la vue est égayée par des champs herbeux entourés d'arbres et de haies de plantes grasses. Nous retrouvons ici des singes, mais d'une espèce nouvelle, noirs, avec de très-longues queues et de la barbe autour des joues. Ils ont grand soin de leur personne, sont toujours à se lécher. Ils ont l'air infiniment plus comme il faut que les Bhils que nous laissons derrière nous. Le singe, comme le bœuf, doit à la mythologie d'être traité dans l'Inde avec la plus grande considération. Nous rencontrons nos singes noirs grimpés sur les arbres des villages ou courant dans les carrefours. Ils vivent là sans que personne pense jamais à les molester.

Enfin nous entrons à Ahmedabad, et cette fois-ci nous descendons bien réellement de nos charrettes à bœufs pour n'y jamais plus remonter. Puissent-elles rester chargées de toutes nos malédictions! Ahmedabad est une ville animée, à l'air riche. On y est sur le confin des terres qui produisent en grand le coton. Les femmes vont ici, plus que partout ailleurs, la figure découverte. On leur en sait vraiment gré, car elles ont les plus beaux yeux et les traits les plus avenants qu'il nous ait encore été donné de voir dans l'Inde.

A Ahmedabad nous retrouvons le chemin de fer; en une journée nous serons emportés à Bombay.

XVIII

ELLORA

Excursion de Bombay à Ellora. — Monuments taillés dans le roc appartenant aux trois grandes religions de l'Inde. — Le Kylass.

Décembre 1872.

Après quelques jours passés à Bombay à nous reposer des charrettes et des bœufs, nous allons visiter Ellora. Nous prenons le chemin de fer de Jubbulpour jusqu'à Nangaum, à cent soixante-dix-sept milles de Bombay, et de là à Ellora, en quelques heures, sur une excellente route avec voiture et chevaux. Par comparaison avec ce que nous avons fait, ce n'est plus qu'une excursion comme on pourrait en entreprendre de Paris ou de Londres.

Ellora est peut-être ce qu'il y a de plus étonnant dans l'Inde.

A Ellora on trouve, creusée au flanc d'une montagne, dans l'intérieur du rocher, ou taillés à ciel ouvert, une série de caves et d'édifices monolithes ayant appartenu aux trois grands cultes de l'Inde. Les caves s'étendent sur un espace de plus d'un kilomètre. Si l'on se place dans la plaine regardant vers la montagne, on a à sa droite les caves bouddhiques, au centre, en allant vers la gauche, les caves sivaïtiques, et enfin à l'extrême gauche celles de la religion des jaïns. Il est assez difficile de donner le nombre exact des excavations; il y en a plusieurs à double étage, d'autres qui communiquent et dont on peut à volonté faire une seule ou plusieurs; selon qu'on les comptera d'une manière ou d'une autre, on en fera varier le nombre entre vingt et trente. Sauf une ou deux, les caves sont à plafond plat; lorsqu'elles atteignent une grande largeur, le plafond est soutenu par des rangées de colonnes; les murs sont ornés de sculptures. Tout cela est le résultat d'un simple travail de creusement; les détails de l'architecture et de la sculpture sont des parties qu'on a découpées dans le roc vif et auxquelles elles restent adhérentes.

Ce sont certainement les bouddhistes qui ont ici commencé, on ne peut pas dire à construire, mais à creuser; toutefois c'est aux sivaïtes, venus après eux, qu'est dû le plus étonnant de tous les monuments d'Ellora, le Kylass. Le Kylass appartient au type des édifices monolithes; pour lui donner naissance, on a pratiqué dans le flanc de la montagne une gigantesque excavation de quatre cents pieds de profondeur sur cent quatre-vingts de large. On dirait une sorte de carrière à ciel ouvert. Au milieu de l'excavation s'élève l'édifice, de forme conique. Il a plus de cent pieds de haut, avec portique et colonnades. Il est divisé en étages avec chapelles et chambres aux divers étages. Le toit conique est aux angles surmonté de clochetons. Les parois extérieures et intérieures du temple et de ses parties sont couvertes de sculptures et de détails d'architecture.

Cet ensemble si compliqué est un bloc qui tient au sol. C'est en creusant et en taillant partout la masse rocheuse qu'on lui a donné naissance. Tout fait corps et ne forme qu'un seul et unique morceau, sans que nulle part il y ait une pierre ajoutée ou un point de suture. Ce monument dépasse de beaucoup comme proportion les monuments monolithes que nous avons vus près de Madras, et dans son genre il est quelque chose d'unique.

On ne se trouve point à Ellora en présence d'un art qui, par la beauté de la forme et par l'harmonie des lignes, séduise absolument, mais ses procédés sont si particuliers, son originalité est si grande, que la curiosité la plus vivement excitée par avance trouve amplement à se satisfaire.

XIX

BOMBAY

La prospérité de Bombay due au développement de la culture du coton. — Le coton. — Départ de Bombay et retour en Europe.

Décembre 1872.

Bombay est une grande ville, très-riche et très-commerçante, qui compte aujourd'hui six cent mille habitants. Sa prospérité repose entièrement sur le coton. L'Inde, avant la guerre de la sécession d'Amérique, n'exportait qu'une quantité restreinte de coton d'assez mauvaise qualité. Sous le coup de la disette de coton amenée en Europe par la guerre, les Anglais donnèrent à la culture du coton dans l'Inde une vigoureuse impulsion. Les qualités furent partout améliorées, la quantité prodigieusement augmentée, et telle est la consommation de coton qui se fait aujourd'hui dans le monde, que quoique, depuis, l'Amérique ait repris l'importance de sa production première, l'Inde n'en continue pas moins à écouler les quantités accrues qu'elle s'est mise à produire. Le coton se récolte dans un vaste demi-cercle autour de Bombay; du nord vient le Dhollera, le Surat; du centre, l'Omrawati, qui est la meilleure qualité; du midi, le Dharwar.

A Bombay, tout repose sur le coton, tout existe pour lui : les négociants qui l'achètent, les industriels qui le pressent et l'emballent, les navires qui l'emportent. Vous devez tout de suite apprendre les termes du métier et les prix, on vous enseigne à juger des qualités à la longueur des soies. Ici on vit dans le coton. On en rêve la nuit. On finit par être étonné de ne pas se trouver changé le matin en balle de coton.

Cependant il convient de tourner court et de prendre congé, car à Bombay notre voyage d'Asie est véritablement terminé. Bombay est aujourd'hui à la porte de l'Europe; depuis le canal de Suez, les bateaux à vapeur partis d'Europe arrivent à Bombay en une vingtaine de jours. Il en arrive et il en part presque tous les jours. D'ici on va en Europe et on en revient pour un rien et sans y penser; ce n'est plus qu'un saut. Nous ne parlerons donc pas du parcours qui nous reste à faire pour achever le tour de notre petite boule et rentrer au logis. Nous tirons notre révérence au lecteur en mettant le pied sur le *Peking*, de la Compagnie péninsulaire, qui part pour Suez ce soir, 30 décembre 1872.

FIN

TABLE DES MATIÈRES

I

JAPON

Pages.

AVANT-PROPOS 1

I. YOKOHAMA. (Octobre 1871). — Arrivée au Japon. — Le Fousyama. — Les Européens au Japon. — Départ pour Yedo. 1

II. YEDO. (Novembre 1871). — Le Tokaïdo. — Maisons et intérieurs japonais. — Politesse et bonne humeur du peuple. — Arrivée à Yedo... 5

III. YEDO. (Novembre 1871). — Aspect de Yedo. — Les *jinrikshas*. — Le château des taïcouns, le jardin d'Hamagoten, les tombeaux et le temple de Shiba. — Les *yashkis*. — Le temple d'Asacksa. — Les environs de Yedo..... 10

IV. YEDO. (Décembre 1871). — L'art japonais. — La sculpture et la peinture. — Nous faisons une collection de bronzes. — Le grand Bouddha de Megouro. — Il y a plusieurs Bouddhas. — Yebis et Daïkokou. — Kano, le dernier des artistes nationaux........................... 18

V. YEDO. (Décembre 1871). — La politique du Japon. — Le mikado et le taïcoun. — L'ancienne constitution. — La révolution qui renverse le taïcoun et lui subsistue le mikado. — Transformation du pays sous l'influence européenne... 30

VI. Kioto. (Janvier 1872). — Départ pour Hiogo et Osaca. — Voyage d'Osaca à Kioto. — Arrivée à Kioto. — Le théâtre. — Grand dîner. — La danse et la musique 39

VII. Kioto. (Janvier 1872). — Les temples de Kioto. — Le palais du mikado. — Le lac de Biwa. — Le cèdre de Karasaki 51

VIII. Osaca. (Janvier 1872). — Retour à Osaca. — Le grand Bouddha de Nara. — Coryama, ville de daïmio. — Nous sommes l'objet d'une grande curiosité 57

II

LA CHINE — LA MONGOLIE

I. Shanghai. (Février 1872). — Arrivée à Shanghaï. — Le Yang-Tse. — Les Européens à Shanghaï. — Leur commerce avec la Chine 65

II. Han-Kau. (Février 1872). — Vou-Tchang, Han-Kau et Han-Yang, leur population exagérée. — Les *yamens*. — Le bâtiment des examens. — Saleté repoussante. — Les femmes. — La campagne couverte de tombeaux .. 70

III. Nankin. (Février 1872). — Nankin détruite par les Taë-Pings. — La tour de porcelaine, un amas de décombres. — Les Taë-Pings. — Ils établissent le siége de leur empire à Nankin. — Ils sont exterminés par les Impériaux 79

IV. Yang-Chau. (Février 1872). — Ching-Kiang. — Grand nombre des bateaux. — Les bateaux de guerre. — Le grand canal. — Yang-Chau détruit par les Taë-Pings. — Souvenirs de Marco-Polo 87

V. Pékin. (Mars 1872). — Le Peï-Ho. — Tien-Tsin. — Départ pour Pékin. — Routes affreuses et charrettes abominables. — Arrivée à Pékin. — Pékin, ville délabrée. — L'architecture chinoise. — Les tombeaux des Mings. — Les environs de Pékin 93

TABLE DES MATIÈRES.

Pages.

VI. — Dolanor. (Avril 1872). — Départ pour la Mongolie. — Préparatifs de voyage. — Les routes. — Les auberges. — La grande muraille à Kou-peï-Kau. — Jehol, résidence d'été de l'empereur. — Arrivée à Dolanor. — Coutumes locales. — Temples et couvents de lamas.. 101

VII. Pékin. (Avril 1872). — La steppe. — Les tentes mongoles. — Les Mongols. — Sandachiemba. — La grande muraille au-dessus de Kalgan. — La muraille intérieure. — La passe de Nan-Kau. — Rentrée à Pékin......... 112

VIII. Pékin. (Mai 1872). — Les boutiques de curiosités. — Nous collectionnons les bronzes chinois. — Antiquité des bronzes chinois. — Style nouveau introduit avec le bouddhisme............................ 121

IX. Pékin. (Mai 1872). — État politique et social de la Chine. — La démocratie. — L'omnipotence de l'empereur. — L'échelle administrative. — Causes de l'immobilité de la Chine. — Les lettrés et les examens. — Les livres classiques. — Le culte des ancêtres................ 127

X. Pékin. (Mai 1872). — Le degré de civilisation des Chinois. — Conception rudimentaire en politique et pour l'organisation de la famille. — État d'infériorité de la femme. — Différence dans l'intelligence européenne et l'intelligence chinoise. — Les Chinois manquent d'imagination. — Leurs inventions surtout de l'ordre matériel.... 143

XI. Canton. (Juin 1872). — Impression que produit Canton. — Les Chinois travailleurs infatigables. — Costume simplifié des Cantonnais. — Multitude des bateaux. — Macao et Hong-Kong. — Les rapports entre les Européens et les Chinois............................. 154

III

JAVA

I. Batavia. (Juin 1872). — Arrivée à Batavia. — Les Hollandais et les indigènes. — La ville neuve. — Le musée. 161

II. BANDONG. (Juillet 1872). — Départ pour l'intérieur. — Buitenzorg. — Bandong. — Le régent de Bandong et ses danseuses. — Culture du thé et du quinquina. — La campagne javanaise. — Ascension du Telagabodas.... 165

III. DJOCJOKARTA. (Juillet 1872). — Le Dieng et ses ruines. — Le régent de Wonosobo. — Les ombres javanaises. — Les ruines de Boro-Boudour, de Mendout et de Brambanam... 176

IV. SOURAKARTA. (Juillet 1872). — Les princes indigènes. — Visite au sultan de Djocjokarta et au prince Mangko-Negoro. — Caractère et costume des Javanais. — Retour à Batavia... 188

V. BATAVIA. (Août 1872). — Politique des Hollandais à Java. — Esprit de leur gouvernement. — Mécanisme du système colonial. — Le gouvernement hollandais meilleur que celui des chefs indigènes........................... 94

IV

CEYLAN

I. KANDY. (Août 1872). — Arrivée à Pointe-de-Galle. — Colombo. — Kandy. — Une dent du Bouddha. — La culture du café... 203

II. POLLANAROUA. (Septembre 1872). — Départ pour les forêts de l'intérieur. — Les charrettes à bœufs. — Les temples et les Bouddhas de Damboul. — Le gibier. — Les singes. — Les crocodiles. — Les ruines de Pollanaroua. — Bouddhas sculptés dans le roc à Pollanaroua...... 211

III. ANOURHADAPOURA. (Septembre 1872). — Un serpent. — Les dagobas d'Anourhadapoura. — L'arbre sacré du Bouddha. — Les prêtres bouddhistes................. 220

TABLE DES MATIÈRES.

IV. PÉSALÉ. (Septembre 1872). — Lenteur de la marche. — Les coulies tamouls. — Arrivée à Manar. — La pêche des perles. — Les *baobabs*. — Nous louons une barque pour passer dans l'Inde.................................... 227

V

L'INDE

. RAMISSERAM. (Septembre 1872). — Arrivée dans l'île de Ramisseram. — Nous couchons sur le *chattrom*. — L temple de Ramisseram. — Un brahmane perverti. — Le pont d'Adam. — Nous passons sur la terre ferme...... 233

II. RAMNAD. (Septembre 1872). — Le rajah de Ramnad réduit à la position d'un *zemindar*. — La propriété dans l'Inde. — Le souverain, les *raïots* et les *zemindars*. — Le rajah de Ramnad mis sous tutelle par les Anglais. — Un secrétaire photographe........................... 239

III. MADURA. (Septembre 1872). — La ville de Madura. — Les Tamouls. — Les castes. — Les signes religieux. — Les femmes surchargées de bijoux. — Monuments de Madura... 248

IV. TANJORE. (Septembre 1872). — La poste à bœufs. — Trichinopoly et son roc. — Le grand temple de Shirangham, en partie habité par les singes. — Le pays de Tanjore confisqué par les Anglais. — Le grand temple de Tanjore. — L'architecture du sud de l'Inde........ 256

V. PONDICHÉRY. (Octobre 1872). — Karikal, possession française. — Petit nombre des Français. — Esprit de l'administration française dans l'Inde. — Pondichéry..... 265

VI. MADRAS. (Octobre 1872). — Les monuments taillés dans le roc de Mahabalipour. — Madras. — Son manque de port.. 271

TABLE DES MATIÈRES.

Pages.

VII. CALCUTTA. (Octobre 1872). — Arrivée à Calcutta. — Les palais de Calcutta. — Les Anglais à Calcutta............ 274

VIII. CALCUTTA. (Octobre 1872). — La politique de l'Inde. — État de l'Inde au moment de la conquête anglaise. — Résultats de cette conquête. — Développement des ressources matérielles du pays et augmentation de la population. — Transformation de l'intelligence hindoue et mouvement de rénovation intellectuelle........... 278

IX. BÉNARÈS. (Novembre 1872). — Départ de Calcutta. — Le chemin de fer. — Bénarès. — Les pèlerins et les fakirs. — Grand nombre des édifices religieux. — La tour de Sarnath. — Les *ghâts*. — Le rajah de Bénarès et son fils. — Le palais de Ramnagouhr............ 288

X. AGRA. (Novembre 1872). — Agra fondé par Akbar. — Le palais d'Akbar. — Le Taj........................ 297

XI. DELHI. (Novembre 1872). — Delhi, la plus ancienne capitale des mahométans dans l'Inde. — Delhi et Agra, deux villes déchues. — Les mahométans dans l'Inde. — Leur décadence depuis la conquête anglaise. — Leur inimitié pour les Anglais................................ 303

XII. PATIALAH. (Novembre 1872). — La ville de Patialah. — Le palais du rajah. — La résidence et les jardins de Martibagh. — Le premier ministre Sayad Mohamed Hosaïn.. 309

XIII. LAHORE. (Novembre 1872). — Amritsir. — Le temple des sickhs. — Singulière cérémonie religieuse. — Les sickhs, leur religion, leur histoire. — Ils prennent parti pour les Anglais au moment de la révolte des cipayes...... 316

XIV. LAHORE. (Novembre 1872). — Le musée de Lahore. — Anciennes sculptures gréco-bouddhiques. — Les bouddhistes ont reçu leur art des Grecs, par l'invasion d'Alexandre.. 324

XV. AJMIR. (Décembre 1872). — Retour de Lahore à Agra. — Départ d'Agra pour le Rajpoutana. — Burhtpour. — Jeypour. — Aspect saisissant de Jeypour. — Rencontre d'un *comissioner* anglais. — Paysans hindous qui préfèrent la domination anglaise à celle d'un de leurs rajahs. — Ajmir.. 330

XVI. SIROHI. (Décembre 1872). — Nous quittons Ajmir en charrettes à bœufs. — Le territoire de Jodpour. — Les Rajpouts. — Les terres du *rao* de Sirohi. — Les Bhils — Un pèlerin. — Sirohi en proie à la famine........... 340

XVII. AHMEDABAD. (Décembre 1872). — Le mont Abou. — Interdiction de tuer et de manger du bœuf. — Les temples jaïns. — Les jaïns et leur religion. — Les singes noirs. — Départ d'Ahmedabad pour Bombay en chemin de fer... 349

XVIII. ELLORA. (Décembre 1872). — Excursion de Bombay à Ellora. — Monuments taillés dans le roc appartenant aux trois grandes religions de l'Inde. — Le Kylass.... 354

XIX. BOMBAY. (Décembre 1872). — La prospérité de Bombay, due au développement de la culture du coton. — Le coton. — Départ de Bombay et retour en Europe...... 358

PARIS. — IMPRIMERIE DE E. MARTINET, RUE MIGNON, 2.

www.ingramcontent.com/pod-product-compliance
Lightning Source LLC
Chambersburg PA
CBHW070449170426
43201CB00010B/1267